幸福の科学の十大原理〖下巻〗

エル・カンターレ「救世の悲願」

大川隆法
RYUHO OKAWA

改訂・新版へのまえがき

「思えば遠くへ来たもんだ……」という歌があるが、私の実感も同じである。当会が実質的に始動をはじめて、二年目に相当する一九八八年、年間五回の講演会を催した。上巻の五大原理に続く残りの五大原理が本書に収録されている。著者は、三十一歳から三十二歳の年齢であった。一九八七年と八八年の二年間に説かれた十本の基本講演で、幸福の科学の教えの骨格が固まった。この十本の講演と何十冊かの本で、私は抑制的《よくせいてき》にではあるが、数千人から一万人近い熱心な信者を得て、当会発展の土台を造《つく》った。

翌八九年には、両国国技館《りょうごくこくぎかん》での八千五百人の講演会、九〇年には、幕張《まくはり》メッセ展示場での一万数千人から二万人の講演会が続く。

本書の講演の言魂《ことだま》は若々しいが、救世の悲願《ひがん》に満ち満ちている。宗教家にしては、あまりにも独創的で宏大無辺《こうだいむへん》な説法《せっぽう》である。

二〇二〇年　八月九日

幸福《こうふく》の科学《かがく》グループ創始者兼総裁《そうししゃけんそうさい》　大川隆法《おおかわりゅうほう》

〈特別収録〉

『悟りの原理』まえがき

悟りとは実に厳しいものである。しかし、この厳しさを経て得た「悟り」こそ、真の「幸福」であるのだ。

人間とは実に、霊的なる存在である。この地上を去った時、あの世に持って還《かえ》れるものは「心」しかない。ゆえに、心の幸福であるところの「悟り」こそがすべてなのである。霊性を開発し、真なる目覚めを体験せずして、今の自分を幸福だなどと思うな。それは迷妄《めいもう》そのものである。

私が、ここに全人類に告げる『悟りの原理』こそが、永遠の真理として語り継がれるものなのだ。ここに永遠の仏陀の声が記《しる》されているのだ。

聞け、この獅子吼《ししく》を――。

一九九〇年　十月

幸福《こうふく》の科学《かがく》グループ創始者兼総裁《そうししゃけんそうさい》　大川隆法《おおかわりゅうほう》

『ユートピアの原理』まえがき

世を救い、人々を救うためには、気力と情熱が必要である。たとえどのような苦難・困難がふりかかろうとも、これを粉砕し、撃破し、突き進んでゆかねばならない。

真なるユートピア建設のためには、光の戦士たちの決死の覚悟が必要である。暗雲たなびくこの濁世《じょくせ》に、未来への血路を拓《ひら》く者よ、光の戦士たちよ、わが前に集まれ。これより、奇蹟《きせき》の行軍が始まるのだ。

この、わが説く真理が、あまねく地上を照らさぬ限り、二十一世紀に人類の未来はない。

これより、不退転の進撃を開始する。

救世の悲願――いまここに。

聞け同志たちよ、
血の通《かよ》った人間であるならば、この真実のメッセージを――。

一九九〇年　十月

幸福の科学グループ創始者兼総裁　大川隆法

幸福の科学の十大原理（下巻）　目次

第1章　知の原理

一九八八年三月十三日　説法《せっぽう》
東京都・大田《おおた》区民会館にて

第2章　ユートピアの原理

一九八八年五月二十九日　説法
大阪《おおさか》府・大阪国際交流センターにて

4　社会のユートピアの原理を打ち立てる　156

第3章　救世の原理

一九八八年七月三十一日　説法
東京都・江戸川区《えどがわ》総合文化センターにて

第4章　反省の原理

一九八八年十月二日　説法
東京都・日比谷《ひびや》公会堂にて

第5章　祈りの原理

一九八八年十二月十八日　説法
東京都・日比谷公会堂にて

第1章

知の原理

一九八八年 第一回講演会
一九八八年三月十三日　説法《せっぽう》
東京都・大田《おおた》区民会館にて

1　学びの基本姿勢とは

長い間、知と格闘《かくとう》し、向上に向けて努力してきた

「幸福の科学」を発足《ほっそく》して以来、私も、単に法を探究するということのみならず、実際に、会の運営というようなこと、また、会に携《たずさ》わっている人たちのさまざまな悩《なや》み、読者の悩み、会員の悩み、こうしたものに直面してきました。そうして、単にみなさまがたをお教えする、指導するということのみならず、私自身もさまざまな勉強をさせていただきました。

その間《かん》、考えたことは、本日の演題でもある「知の原理」——「知」ということの意味です。

私たちが知という言葉でもって表すものは、書物で読む内容であるとか、人の話

を聞いて学んだことであるとか、そうした学習ということを「知」という言葉で置き換《か》えることが多いように思います。

しかし、その知にも、やはり「内容」にさまざまな違《ちが》いがある。また、その内容の「純粋《じゅんすい》さ」において違いがある。また、知も「大きさ」において違いがある。そしてまた、知の「効果」においてさまざまな違いがある。

そうしたことを考え、かつ思い、語り、書いてきたわけです。

そこで、今日は、論点を「知」ということに絞《しぼ》って、私が今まで考えてきたこと、書いてきたこと、これから書いていこうとすること、みなさんに語っていこうとしていること、これをお話ししていきたいと思うのです。

一九八七年十一月の月刊誌で「知の発展段階説」という小文を掲載《けいさい》しました。そのなかで、私がどのように「知」というものと対決し、格闘《かくとう》してきたかということを簡単に書いてありますが、実際、この十年間、非常に長い間、私はこの問題と直面していたわけです。

みなさんの前でこうした話をするようになるとは思っていませんでしたが、自分の心の内を眺《なが》めたときに、「何か向上に向かって努力したい」という気持ちが、ふつふつと、いつもいつもたぎっていたわけなのです。

このふつふつとたぎってくる情熱を、どのように昇華《しょうか》していけばよいのか。これが、長い間、私の考えてきたテーマです。私は、この出口を探して十年間、さまざまな観念の世界のなかにおいて、また、知の世界のなかにおいて、経験の世界のなかにおいて、考え、かつ行動してきたわけです。

そこで、知というものを、私はどのように考え、どのように捉《とら》えてきたのか、これを、実体験を通してもう一度考えてみたいと思うのです。この十年間、私が自分で実体験したことが、今、幸福の科学の指導の内容にも転化・発展してきており、これは非常に大切なことではないかと思うのです。

知の奥《おく》には、現代的に危険の少ない「修行《しゅぎょう》の方法論」がある

私は、現代における修行《しゅぎょう》というものを、単に山のなかで坐禅《ざぜん》・瞑想《めいそう》することでもなく、他の方ができないような超能力《ちょうのうりょく》的なものに凝《こ》ることでもないという前提を、何度も何度もみなさんにはお話ししたはずです。

しかし、現代において、多くの人たちが出家《しゅっけ》と言わず在家《ざいけ》のままで修行《しゅぎょう》の道を歩んでいくためには、いったいどのような方法論があるのか。この方法論のところにおいて、「修行と知」という問題が出てくるであろうと思うのです。

現代社会というのは、非常に「知」ということが前面に出てきている世界です。ただ、その知の表面だけにとらわれて、本質を見抜《みぬ》いていない。また、知の表面にある型、枠《わく》だけがまかり通って、その本当の姿、本質、そして、その奥《おく》にあるものが分からないままに人々が生きているというのが、現状であろうと思います。

私は、この十年間の体験のなかで、知の奥にあるものを突《つ》き止めたわけです。そ

こにいったい何があるのかということを探《さぐ》り当てたわけです。

それは、「現代的に、非常に危険の少ないかたちでの修行の方法論がある」ということなのです。

その修行の方法論というのは、単に「『誰《だれ》がどう語っている』ということを知っている」というかたちでの知の追究・探究をした人にとっては、最後の福音《ふくいん》の部分が教えられることはないのですが、「誰がどう言った、こう言った」ということを通り越《こ》した奥にある人類の叡智《えいち》、人間の心の奥底にあるものを、ぶち抜いて見抜いた人にとっては、それは非常に大きな力となってくるのであります。

この泉を掘《ほ》り当てた人は、無限の力が湧《わ》いてくるのです。そして、その泉の底からほとばしってくる知力は、やがて、みなさんの人生の諸問題を快刀乱麻《かいとうらんま》のごとく断《た》ち切っていくための、大きな青龍刀《せいりゅうとう》となっていくであろうと考えるのです。

私は、この一年余り、さまざまな方の手紙を読んできました（説法《せっぽう》当時）。数百通、数千通と読んできましたが、この多くの方々は、自分の問題というもの、自分の悩みというものを的確に把握《はあく》していないというのが、まず最初の印象です。自分自身がいったい何を悩んでいるのか、その悩みの正体を的確に把握していない。次には、その悩みを解決するための方策を知っていない。さらに、その悩みをよりよきもの、より高次なるもの、より善なるもの、より幸福なるものへと上昇させていくための方法論を知らない。こうしたことを感じたのです。

そのなかで、私は、まず知的なベースというものが非常に大事であるということを実感したわけです。これが、現在の幸福の科学における指導の仕方にもつながっているわけです。

そこで、この「法」としての知の問題を掘り下げる前に、私自身の個人的体験を通した「知の確立」について、しばらく話をしてみたいと考えます。

「心の底から納得《なっとく》するまで分かったとは思わない」という態度を貫《つらぬ》く

すでに小文にも書きましたように、知への憧《あこが》れというのは、比較《ひかく》的早い時期からあったように思います。

それは幼少時からあったものですが、これが奔流《ほんりゅう》のごとく出てきたのは、十九、二十歳《はたち》のころであったかと思います。この情熱はいかんともしがたく、学びたいという気持ちは、心の奥底より次から次へと出てくるものでありました。学びたいという情熱、また、学びを何かに使っていきたいという情熱、この二つの情熱が私を支配し、私の青春期を貫《つらぬ》いていたものであったと思います。

まだ自分の使命を知らず、自分の仕事を知らず、天命を知らずに生きていた私は、この知への情熱のなかで、右に揺《ゆ》れ、左に揺れしながら、日々、己《おのれ》を確立していくということ、これに賭《か》けていたわけであります。

そして、そのときに、無意識のなかにおいて、私が選び取り、読んでいった書物の多くは、今、振《ふ》り返ってみるならば、光の天使たちの思想であり言葉であったと思います。それを私は、サケという魚が自分の生まれ故郷《こきょう》の川の水の匂《にお》いをかいで遡《さかのぼ》っていくように、自然自然とそうしたものをかぎ分けていたように思います。

このときに、私が自分の基本的態度・姿勢として貫くべきであると思った考え方の一つは、「納得《なっとく》するまで、分かったとは思わない」という態度でありました。「自分自身、本当に心の底から納得がいった、腑《ふ》に落ちたと、ここまで分かるまでは分かったとは言えない」と、こういう態度なのです。「これが消化されないかぎり、この不完全燃焼《ねんしょう》の感覚があるかぎり、断じて学ぶ姿勢を失ってはならん。断じて自己満足をしてはならん」という姿勢を貫いてきたわけであります。

そして、さまざまな思想の領域に、またそれ以外の領域にと、だんだんに分け入ったわけです。文学と言わず、芸術と言わず、科学と言わず、思想、哲学《てつがく》、宗教、詩、経営、法律、政治、経済、国際問題と、いろいろな領野に私は手を伸《の》ばしてきました。

そのなかにあるダイヤモンドの部分、光っている部分はいったい何であるのか。人類の叡智《えいち》として、現在にまだ光を放っているものはいったい何であるのか。

これを考えに考えたのです。

大学に残って学者になりたいと思ったことも何度もありましたが、結局、その道を歩まなかった理由の一つは、「自分の納得を得られないものには進まない」という私の態度であったと思うのです。

みなさんのなかには大学の先生もおられると思いますが、今の学問の領域においては、一つのルール、規定というのがあって、その枠のなかで人々が生活をしているというのが現状ではないでしょうか。

それは、マックス・ウェーバーのような学問態度というものが現在において主流をなしているがために、学問の方向が分析《ぶんせき》的となり、また、客観的なものを追究・探究するかたちとなっている。そして、自分が独創的な思想を出す前には、他の人が何を言っているのかを調べて、それを必ず引用・明記しなければならない。こういう規則になっていて、その世界のなかでいろいろな学者がいろいろなことを考え、また、読んでいるわけです。

その世界を私が眺めていると、まるで万華鏡《まんげきょう》のなかの世界のように見えました。

本当は、そのなかにあるものは小さく刻《きざ》まれた折り紙のようなものですが、それが万華鏡を通すと、非常に美しい世界のように見えるのです。けれども、その正体を見抜いたときに、それは〝本当の花〟ではない。これを知ったのです。

私自身は、「納得のいくまで自分は探究する。自分の心の奥底から分かったと言えるまでは、分かったとは言わない」と、こういう態度でやっていったところ、現在の学問のほとんどは、私の前から姿を消していったわけなのです。

頭だけではなく心でつかんだものでなければ「魂《たましい》の糧《かて》」とはならない

今、霊言集《れいげんしゅう》であるとか、その他の理論書であるとか、いろいろと出していますが、そのなかには、「誰がこう言った」、あるいは「こういう思想がある」というようなな紹介《しょうかい》は、非常に少ないと思います。このなかに流れているものは何かというと、私が考え考え、実験し、また思索《しさく》して、納得のいったものを発表しているのです。

したがって、さまざまな個性ある教えが展開されていますが、その教えの一つひとつは、私の心にぶち当たって光を放った教えであるわけです。すなわち、その光を放っている部分、カンテラとカンテラが相照《あいて》らして反応し合っている部分は、すなわち、私自身の思想でもあります。私は、「自分が本当に分かったと納得がいかず、本当に知ったと納得がいかないものについては、これを世に出さないし、人に語らない」という方針を貫いているわけであります。

これが、最初の幸福の科学の出発点でもあったという話を、「幸福の原理」のなかでもしました。

今も、みなさんの前で話をしたり、書いたりしていますが、私は、「決して、『自分が学んだことの一割以上を語る』ということはしない」という方針を貫いています。残りの九割の部分は、これは自分自身、本当であるかどうかを確かめる部分であって、いつもこれを確保せねばならんと思っています。したがって、出る書物が多くなればなるほど、語る講演の数が多くなればなるほど、私自身の個人としての学び、個人としての思索、これは増えていかねばならないものとなっているわけなのです。

なぜ、そういう態度を取っているかというと、結局のところ、頭だけを通したものでなく、本当に心でもってつかんだものでなければ、実際の「魂《たましい》の糧《かて》」とはならんということなのです。

みなさんは、学校などでもさまざまな学びをしておられると思いますが、そのなかで学んだもののうち、死んでこの地上を去ったときに、持って還《かえ》れるものと、持って還れないものとがあるのです。持って還れないものは、「目に映り、耳には聞こえたけれども、やがて過ぎ去っていくもの」なのです。「心にまで達したもの」のみが、この地上を去ったときに持ち還ることができるのです。みなさんの人格の一部となるということなのです。

知の世界のなかで生きている方々、仕事をしておられる方々は、現代社会においては数多いのですが、それを単に記号の世界のなかにおいて、記号としての文字の世界のなかにおいて探究している人たちは、やがて、それがベールにすぎないということ、仮面にすぎないということを知るに至るわけです。その奥にあるものを読み取らなければ、それは本当の力とはなってこないし、みなさんがたが持って還れるものともならないのです。

これは、日本の言葉で書かれた世界だけにあるものではありません。今、英語の教育であるとか、さまざまな語学の学習が盛《さか》んですけれども、このなかにおいて、洋書というものを読んでいても、胸にまで響《ひび》いてくる言葉で綴《つづ》られているものとそうでないものが、明らかにあるのです。

現在のジャーナリズムのなかで使われている英語、その語彙《ごい》だけを取っても大変な数です。これを消化し切ることは難しい。新聞あるいは週刊誌の類《たぐい》、そうしたなかに溢《あふ》れている英語の情報であっても、それを処理し、自分のものにすることは難しいかもしれないが、それらの情報のほとんどは、右から左へと消えていく情報であるわけです。

ところが、そうした難しい言葉を使わないでも、心に響く英文というのはあります。

例えば、オスカー・ワイルドという方が書いた英文などを読んでいると、非常に平易な言葉で書いている。私たちが簡単に読めるぐらいの、数百語ぐらいのレベルで書いた英文であっても、心に食い入ってくる内容がある。

何がそれをそうさせているのか。日本語で書いてなくても、英語で書いてあっても、食い入ることが書いてある。それは英語の〝やまとことば〟で書いてあるからであります。長年の間、アングロサクソン人たちの間で〝やまとことば〟として使われてきた言葉、それを綴って書いている。その部分が、異国人が読んでも外国人が読んでも胸に響く言葉となっているのだろうと思います。

高度な内容をやまとことばで表すには「自分をごまかさない」姿勢が必要

今、私は、数多くの霊言・霊示集《れいじしゅう》を世に問うているわけですが、その内容を読まれたらよいと思います。これは、一種のやまとことばで書いているのです。

だからこそ、内容は高度なものであっても、多くの人の胸に食い入ってくるのです。それは、長年の間、人々がその風雪のなかにおいて、「魂が宿っている」と確認した言葉でもって綴っているからであります。そうした言葉で綴っているのです。内容は高度であっても、表現は平易である。なぜ、そういうふうにできるかというと、私は、「自分をごまかさない」という姿勢で、今まで生きてきたからであります。徹底的《てってい》に納得がいくまで探究し、納得のいかないものについては決して分かったと言わない。そういう立場で来たからこそ、今、自分の分かりえていることを、みなさんに、やまとことばでもって分かりやすく書き表すことができるのであります。

ここまで知の探究をしていなかった人、掘り下げていない人にとっては、知というものは一つの「飾《かざ》り」であります。「虚飾《きょしょく》」であります。そうした「言葉の羅列《られつ》」であります。こうした本が、いったい、書店にどれだけ溢れているかということを、みなさんがたは探されたらよいと思います。そのなかには、心にまったく響かない書物が数多くあるのです。それは、表面的な知の世界のなかにおいて、言葉の意味であるとか、記号的な言葉の羅列を求めているだけであって、その言葉の奥底にある魂の部分を使っていない、また、著者自身がそこを発見していないという理由によるのです。

このように、私は、自分が納得したもの、これのみを認め、そして、それを私の知的なライフスタイルの出発点といたしました。

これゆえに、独学特有の苦しみはありました。

みなさんがたは、今、私の講演を聴《き》いて学んでおられるかもしれませんが、私自身は、なかなか、他人《たにん》の講義というものを聴いて、それで学ぶということができなかった人間です。納得がいかないのです。なかなか納得がいかない。

なぜ納得がいかないのか。それは、語る方が自分の求めているものとまったく同じ方向を求めているのならば、私の心と向こうの心がカンテラを相照《あいて》らすように揺れ合って響いてくるのだけれども、向かっている方向が違う場合には、非常に違った世界が展開するわけです。

これは、文学の世界においても同様です。文学のなかで世界の名作といわれているもののなかには、明らかに、真理的な価値で見れば上下があります。しかし、それが、世の多くの人たちには分からないでいる。

文学作品のなかには、光の大天使のような方が書いた大文学もありますが、そうでないものもあるわけです。いわゆる地獄《じごく》文学もそうとうあるのですが、これらもすべて、文学の世界においては一流という言葉で称《しょう》されているわけなのです。これが分からないでいる。分からないで、単なる表現の世界、筋立《すじだ》て、その進め方、こうしたものでもって評価をするというような学風、あるいは論調が主流となっているわけです。

「虚飾」や「虚栄心」を取り去って残った「核《かく》の部分」に真実はあるか

しかし、私たちは、その奥にあるものを見抜いていかねばならんと思うのであります。

小説も数多く読んできましたが、そのなかにおいて作者は、今、私がみなさんの前で講演しているがごとく、自分の思想を開陳《かいちん》しているのであろうと思います。その思想が、読むに堪《た》えるものであるかどうか、風雪に耐《た》えるものであるかどうか、人々を啓蒙《けいもう》するに足るものであるかどうか。この責任は、やはりあるわけでありますす。

そして、その部分を徹底的に詰《つ》めていない作者の文学というものは、これは、残念ながら食後のティータイムの暇潰《ひまつぶ》しにしかならないのです。

数多くの活字で綴られた思想や、文学や、そうしたものであっても、それをいったん裸《はだか》にしたときに、虚飾を取り去ったときに、拭《ぬぐ》い去ったときに、その本質でいったい何が言いたいのか。これを徹底的に追究したときに、いったい何が残るか。これをみなさんにも考えていただきたいと思います。

これは、文学のみならず、学問に対する姿勢でも同様なのです。

学問のなかにあるいろいろな虚飾、また、その飾りやルール、決め事、これを取り去ったときに、何が残るか。いったい何が言いたいのか。これを突き詰めてみてください。そうすれば、どんな思想家であっても、その言いたいことというものは非常に凝縮《ぎょうしゅく》されたものになるはずです。

その核《かく》の部分が真実かどうか。本物かどうか。これが勝負であります。

一ページにしたときに、それが本物かどうかです。その人が何をいちばん言いたいのか。何巻書こうが何十巻書こうが、その核の部分が違っていれば、その思想は無用であります。まったくの無用の産物となるわけであります。

こういうふうに、私たちは知の世界を探究していくに当たって、いったん、自分の「虚飾を去る」ということが大事であります。「裸になる」ということが大事であるわけです。

幸福の科学のセミナーや研修会等でみなさんの書いた答案を私は読んでいますが（説法当時）、そこで多く見受けられる現象は、この世的には知的といわれている職業についている方々の内容のお粗末《そまつ》さです。彼らの多くは、技術的な方向にだけ頭が行っていて、裸になるということができないでいるのであります。

私は、いつも問うているのです。

「あなたは、あなた自身でいったい何をつかんでいるのか。何を訴《うった》えたいのか。何を悟《さと》ったのか。これを言ってください。これを、やまとことばで言ってください。これを子供に分かる言葉で言ってください」

そういうことをいつも言っているわけですが、それを書き切れる人がいないのであります。いないのです。そこまで掘り下げていないのです。それだけの対決をしていないのです。

知というものを本当に真剣《しんけん》に求めるならば、そこまで行かねばならんのです。本当に「虚飾」を去って、「虚栄心」を去って、裸になって、真っ向から思想家や作家や、そうしたものと対決し、自分自身の独自の思想というものを築いていかねばならんのであります。

そうして、知を獲得《かくとく》する過程において、さまざまな人との出会い、さまざまな人との議論、さまざまな生活上の問題、こうしたものに出合って、その自分の思想が本物であるかどうかを試《ため》されるときが来るわけです。このときに、単なる虚飾であった、飾りであった思想は、風の前の埃《ほこり》のように飛び去っていくのです。

しかしながら、自分がつかみ取ったものが、本当に深いところまで下りている根源的なるものであったときに、これは不動であります。

また、いろいろな体験を積むことによって修正はされていくわけですが、それは、さらにさらに輝《かがや》きを増していくかたちでの修正となるのであります。

こうした知の態度ということを、私はまず最初に力説しておきたいと思います。

「虚飾を排《はい》せ」ということであります。

「飾りを取れ」ということであります。

「裸になれ」ということであります。

「無心になれ」ということであります。

この部分を、自分が「他人《ひと》によく思われたい」という気持ちで探究していったときに、知は一つの迷路《めいろ》のなかに入っていきます。

心の底から共感する思想を見いだしていく姿勢を取れ

みなさんがたは、悟ったような気持ちになったり、自分が偉《えら》くなったような気持ちになったりするかもしれないけれども、それはそうではないということです。どれほど勉強しても、どれだけ学問を積んでも、一日に十時間でも二十時間でも勉強したとしても、それを易《やさ》しく言い切るだけの理解ができているかどうか。これを出発点にしていただきたいと思います。

霊言集、あるいは私が書いた理論書などを読んで、それが分かっているかどうかは、それを簡単に易しく手短に語れるかどうかです。それが人に語れないということは、分かっていないということです。

何十時間もかけて話ができる。一時間でもできる。十分でも五分でも、自由自在、伸縮《しんしゅく》自在に思想を語ることができたときに、それが本当に分かっているということなのです。

単に、何ページに何が書いてあるということを伝えるだけでもっては、それは、分かっているということにはならんのであります。この基本姿勢を守っていただきたいと私は思います。

そうした姿勢でもって読書を続けていった場合には、どの書物で誰が何を書いていたかということは、何の関係もなくなってくるのです。

そして、私たちの心のなかには、篩《ふるい》にかけられた本当の砂金のごとく、光っている部分だけが残ってくるのです。この部分を取っていくという、残していくという考え方を大事にしなければいけない。本当に心の底から共感する思想を見いだしていく姿勢を取らねばならない。

それが、あなた自身の魂にとって、本当に光っている部分をつくっていくための努力でもあるのです。こうした基本的な姿勢というものを、まず最初に、私はみなさんに申し上げておきたいと思うのです。

2　人生の問題を解決する鍵《かぎ》――認識力を獲得《かくとく》するには

学びの原点は、参考書をヒントに自分で問題集を解くこと

次に、「知的探究の意味」について語っておきたいと思います。

何ゆえに、さまざまなことを学ぶ必要があるのかということです。これは、私たちが永遠の生命のなかで生きていることの意味そのものにもかかわってくるのです。

「学ぶということは、神が私たちに与《あた》えられた一つの方向である」ということを、まず知らねばならんということであります。学ぶということに意味がないのであるならば、私たちが永遠の生命を持って幾《いく》千年、幾万年、幾百万年と転生輪廻《てんしょうりんね》を繰《く》り返してきたということには、何の意味もないのです。そこに基本的な立脚点《りっきゃくてん》があるのです。神は、私たちが学ぶということに意味があると認めておられるということ

です。

では、その「学ぶということに意味がある」ということについて、どのように意味があると捉《とら》えているか。これをさらに考えてみるならば、「個性の発見」ということなのです。

それぞれの人間が、個性を持ちながら学んでいる。このなかに、一つの秘密があるということです。それは、散乱する光のような光の芸術であり、また、雨の降ったあとに天空にかかっている虹《にじ》のような輝《かがや》きでもあります。そうしたさまざまな光の芸術をつくり出していくことをもって、よしと思っておられる方がいるということです。

それは、各人の魂《たましい》には「それぞれの境遇《きょうぐう》、それぞれの性格、それぞれの魂の傾《けい》向《こう》を持ちながら、その立場で学んでいけ」という大いなる前提があることを意味しているのであります。

では、私たちは、なぜ、それほどまでに学びということを要求されているのでしょうか。それが素晴《すば》らしいことだと言われているのでしょうか。
す。私たちは、これをまた日常の次元に置き直して考えてみる必要があると思うので
今、本書を手にされたみなさんは、いったい何ゆえに、この本を読んでおられる
のか。これを自《みずか》らの心に問うてほしいと思うのです。
何ゆえに読むのか。いったい何ゆえに。
これを自分の心に問うて、素直に言葉が返ってくるでしょうか。返事が来るでし
ょうか。ここのところが、まさしく問題になるわけなのです。
それは、多くの人たちは、さまざまな環境《かんきょう》のなかで課題を与えられているわけで
すが、その課題には、各人が自らで答えていかねばならんという前提があるからで
あります。みなさんの悩《なや》みに相談に乗ってくれる人は、探せばいるでしょうが、結
局のところ、自分自身の問題に決着をつけるのは、みなさんがたご自身であります。
ご自身が決着をつけるのであります。

読者のみなさんも、心のなかに悩み事がない、問題がないという方は、おそらく一人もいらっしゃらないでしょう。何らかのかたちでそれを解決し、さらに人生の発展への礎《いしずえ》にせんとしているのではないでしょうか。おそらくそうであろうと思います。そして、私の言葉を聞くなかにおいて、何らかのヒントがあるのではないかと考えているのではないでしょうか。おそらくそうであろうと思います。

ここに、実は「学びの原点」があるわけであります。

つまり、私たちは、常に「人生のヒント」を探しているということなのです。問題は自分自身で解決していかねばならないわけだけれども、そのヒントは各所に散らばっているわけです。そのヒントを与えてくれる人は現在にもいるし、また、過去の著者となった人々のなかにもいるということであります。

すなわち、私たちが学んでいるのは、「人生の問題を解くためのヒント」を探しているということであります。こうした方法論が、現に、神より与えられているということです。

「自分の問題集」は自分で解け。しかしながら、「参考書」は用意しておく。こういう仕組みとなっているわけであります。

そして、至るところに教師役として活躍《かつやく》している人たちがいるわけです。また、そうした教師となっている方でなくとも、家庭のなかにおいて、また、いろいろな出会いの場において、そのときどきに、みなさんにヒントを与えてくださる方がいます。それらの方は、すべて、みなさんのそのときの教師です。先生です。

ここに、学びの一つの原点が発見されたわけなのです。

人生の問題を解決するための鍵は「認識力」にある

では、人生の問題を解決するためのヒントを得て、どうなるのか。そのヒントの集大成の結果は、いったいいかなることとなるのか。私たちは、これを考えていかねばならんわけであります。

いろいろなヒントを、いろいろな著書を読むことによって得る。その結果はどうなるのか。その結果、いろいろな人の言葉に振《ふ》り回されるだけのみなさんとなったのでは、それはよい結果を生まないのは当然のことです。

いろいろなヒントを得ることによって、そこでみなさんが「本当に得ようとしているもの」とは、これは一言《ひとこと》で言うと、「より高次な認識」と言うべきものであります。

実を言うと、人生を幸福に、そして発展的に、より高邁《こうまい》な生き方で過ごしていける秘訣《ひけつ》は、この「認識力」という言葉に帰結《きけつ》するのです。これを得た人は、人生の問題を次々と解決していくための鍵《かぎ》を手に入れたことと同じなのです。

今、私たちは、小学生の悩み事に答えられないわけがありません。中学生の悩み事にも答えられないわけがありません。しかしながら、自分たちと同じような境遇にあったり、同じような立場にあったりする人たちの悩み事には答えることができないでいるのです。

なぜ、そうなるのか。それは、認識力に差がないからであります。

より高次な立場に立った人にとっては、まだそこまで至っていない人の問題を解決するのは簡単なことです。これが、人々が師を欲《ほっ》する理由です。

師といわれる方は、認識力において一段と高いところがある。

すなわち、問題の所在がどこにあり、また、問題解決の方法がどこにあるのか、それ以外にもその人が悩んだようなケースは過去にもあったのではないのか、こうしたことを知っている。そうして、一つのその法則性を見抜《みぬ》いている人から見れば、どうしてその人が悩みをつくり、そこから抜け出せないでいるか、これをごく短時間でもって教えることができるのです。

ところが、自分がその罠《わな》のなかに入って、悩みの渦中《かちゅう》にあって生きるか死ぬかで七転八倒《しちてんばっとう》している人にとっては、なぜ、自分にこのような大災難が降りかかってくるのか、大困難が降りかかってくるのかということが、どうしても分からないのです。

それはちょうど、暗示にかかった鶏《にわとり》の例を出して言うこともできるかと思います。

鶏という動物は、非常に暗示にかかりやすいそうです。いったん縄《なわ》で縛《しば》ったあとは、目の前に白墨《はくぼく》の線を引いただけでも、あるいは長いもの、紐《ひも》のようなものを見ただけでも、また自分が縛られたと思って動けないでいるということです。

それは、鶏の認識力がその程度だからです。縄のようなもので、一度、自分が縛られたという経験があると、それを見ただけで、また自分が動けなくなると感じるわけです。そうすると、実際に動けなくなってくるのです。

私たちは、こうした鶏の姿が非常に哀《あわ》れに見えるわけですが、その結論はどこにあるかというと、認識力の差、この一点に尽《つ》きるわけであります。

認識力が足りずに自分の生命を危機にさらした猿《さる》の悲劇

また、アルジェリアという国に伝わっている話として、猿《さる》を捕《と》らえるときの方法論があります。

木に紐を結《ゆ》わえておいて、その先にヤシの実をつけていく。ヤシの実をくりぬき、猿の手が入るだけの大きさに穴を開《あ》けておく。そのなかに米を入れておくと猿が寄ってきて、米を取ろうと手を突《つ》っ込《こ》むわけです。そして、なかにある米をつかむのだけれども、握《にぎ》ったらヤシの実から手を抜くことができない。手を放せばそこから逃《のが》れることはできるのですけれども、猿にはそれだけの認識力がないのです。自分が罠にかかったことの認識はある。しかし、どうやって逃れられるかは分からない。そして、翌朝、人間が来たときに簡単に捕《つか》まってしまうわけです。すごく暴《あば》れるけれども、米を放すという、このことに気がつかないのです。

それは、自分の「獲物《えもの》を欲《ほ》しい」という気持ちと「逃れたい」という気持ちの二つの欲求があるけれども、この二つの欲求の調整がつかないのです。それだけの認識力がないのです。

ところが、これがみなさんであればどうでしょうか。

ヤシの実に手を入れて、なかにあるものをつかんだ。その結果、手が抜けないというのならば、穴よりも手の握りこぶしのほうが大きいから抜けないのである。これを放せば抜ける。

これは簡単に分かることであります。この認識力がないために、猿は非常に〝人生の危機〟に陥《おちい》るわけであります。そして、一大問題、生命の危機に逢着《ほうちゃく》するわけなのです。

彼にとっては大変な悲劇です。自分は単に食べ物が欲しかった。そして、純粋《じゅんすい》に、その食べ物を見つけてそれを取ろうとした。ところが、大変なことに、自分の生命を危機にさらすような大きな罠にかかってしまった。そして、そこから逃れることができないで、明け方まで七転八倒しているわけです。

これが、実は、高級霊《こうきゅうれい》から見た私たちの姿でもあるのです。

三次元にある私たちは、本当は、この猿のような哀れな悩みで悩んでいることが多いのです。彼らから見れば簡単に分かることが、分からないでいる。しかし、その騒《さわ》ぎの最中《さいちゅう》の猿にとっては大変な問題であって、どうしてよいかが分からないのです。この一点に気がつかない。

「泣き叫《さけ》ぶ赤《あか》ん坊《ぼう》」も「暴れる馬」も、理由が分かれば解決できる

私がわりあい好きであった哲学者の一人に、フランスの哲学者《てつがくしゃ》でアランという方がいます。アランの『幸福論』という書物を読んでいると、この人は非常に微妙《びみょう》なところに気がついていることがあると思うのです。

例えば、こういうたとえ話で言われています。

赤《あか》ん坊《ぼう》が泣き叫《さけ》んで、どうしようもない。いつも泣いてばかりいる。いったい何が問題なのだろうか。ご飯《はん》が食べたいのだろうか、ミルクが飲みたいのだろうか。それとも部屋が寒いのだろうか、暑いのだろうか。

こうしたことで、親はおろおろとして考えるわけです。

病気かもしれないということで、医者を至急呼んでくる。そして、お医者さんに診察《しんさつ》してもらうが、何も問題がない。いったい、なんでわが子がこんなに嘆《なげ》き悲しむのだろうか。大声で泣くのだろうか。

実は、その赤ん坊に着せてあるセーターの服にピンが留《と》まっていて、そのピンの部分が当たって痛いという、ただそれだけのことで赤ん坊は泣いていた。

しかし、大人たちはそのことに気がつかないでいる。そして大騒ぎをしているわけです。病気だろうか、あるいは寒いのだろうか、何だろうかと大騒ぎをしている。

こういうことがあるわけです。

また、ギリシャのマケドニアという所にいた馬の話もあります。

大変な暴れ馬がいて、どうしてもその暴れ馬を御《ぎょ》することができないで、みな困っている。

誰《だれ》か勇者がいて、その暴れ馬を乗りこなすことができないか。こういう難問があったわけですが、ある人はそれを簡単に解決してしまった。その暴れ馬が暴れる理由はいったい何かというと、自分の影《かげ》を見て怯《おび》えている、ただそれだけのことだった。

したがって、その馬に影を見せないようにする。馬の手綱《たづな》を引いて、馬の目を上に向ける。そうすると影が見えないので、馬はおとなしくなったわけです。ただそれだけのことが、多くの人たちには分からない。その暴れ馬は、生まれつき凶暴《きょうぼう》な馬であると思っている。そして、暴れていると思っている。どうしても御しがたく、勇者でも出てこないかぎり、これは、その腕力《わんりょく》でもって押《お》さえることはできないと考える。

実際は、その馬にはうつむく癖《くせ》があって、自分の影を見てはいつも恐《おそ》れている。その影が何であるかが認識できないのです。自分の影が分からないのです。自分が暴れれば暴れるほど、その馬の影の部分も微妙な形を取って踊《おど》り狂《くる》うわけです。それを見て、馬は恐怖《きょうふ》を感じているわけです。

ただ、その解決の方法は、その影をなくすことではなかった。馬の手綱を引いて、目を上に向けるという、ただそれだけの作業をすれば、馬はおとなしくなってしまったわけです。

アランという人は、そういうことを書いています。

認識力を高めると、悩みの「意外な盲点《もうてん》」が見抜けるようになる

結局、私たちの人生の難問というものも、認識力――いったい何が根本《こんぽん》の原因であるかということを見抜く力――がないがために、大問題になっていることが多いのであります。意外に、真実は簡単なところにあるのです。刺《さ》さっているピンが当たって痛いというだけの理由であったり、影に怯えているというだけの理由であったりすることがあるのです。

大問題と思われる生活難、あるいは事業の問題、病気の問題、結婚《けっこん》・離婚《りこん》の問題、こうしたものも、実は単純なところに原因があることがあるのです。それに気がつかないだけで大騒ぎをしているということがあるのです。私たちは、この「ピンの部分」、「影の部分」がいったい何かということを知らねばならんのです。

これはどういうことかというと、みなさんは、いったん自分の外に出て、より高次な見地でもって、自分の悩みというものを眺《なが》めてみる必要があるのです。そのと

きに、意外に盲点《もうてん》になっている部分があるのです。これを見抜くために、認識力というものを高めていく必要があるのです。これが学びということであります。

転生輪廻の過程において、こうした学びを数多く続けてきた人は、それだけの認識力を得ます。そして、この「認識力の高さ」が、実は「その人の霊格《れいかく》の高さ」となっているのです。

霊格というものをこの世的に翻訳《ほんやく》して言うとするならば、一言で言えば、それは「認識力」であります。より多くの人たちの気持ちが分かるか、彼らの悩みが分かるか、その悩みの解決方法が分かるかということであります。

万巻《まんがん》の書物を読んでも、その認識力を身につけていなければ、それは分かりません。ただ、いろいろな人生のヒントというものを集めていって、そしてより高次な思想としてそれを昇華《しょうか》していった人にとっては、他人《たにん》の悩み事を一瞬《いっしゅん》にして見抜き、それに答えることは可能であります。みなさんがたは、その学びの根本にあるものは、こうした認識力をつけるという考え方にあることを知らねばならない。

赤ん坊にピンが当たって、それで泣きわめいているということを一瞬にして見抜く力を備えなければいけない。ミルクが欲しいのでもない。病気をしているのでもない。ただピンが当たっているという、それだけのこと。馬が暴れているのは、生まれつき凶暴なわけではない。むしろ、自分の影に怯えて、臆病《おくびょう》な姿を出している。それを大変な暴れ馬のように、人々は錯覚《さっかく》してしまう。こうしたことがあるわけです。

より高次な認識力を得るために、地上でさまざまな経験を積んでいる

このように、自分の問題と対決しつつ、常により高次な認識力を得ていくための努力ということを、私たちは決して決して怠《おこた》ってはならんわけであります。そのために、いろんな勉強というものがあるわけです。

私も、続々と書物を出しておりますが、この理由の一つは、みなさんに一つでも多くの認識力の材料を提供したいということなのです。より高次な思想を持ってい

る、偉人《いじん》といわれる人たちの思想に接することによって、みなさんがたの人生の問題は簡単に解決がつくことがあるのです。そのために、数多くの手引書を世に送っているのです。

さすれば、私たちは、知の探究、知の課題において、いちばん重視しなければいけないことは、この「認識力の獲得《かくとく》・向上」ということであります。これが、結局は今世《こんぜ》の魂の修行《しゅぎょう》となっているのです。すべての現象、すべての知識、こうしたものを認識力へと高めていくことなのです。

高級霊の本質というものを私が探究してみれば、一言で言うと、結局、「認識力」であります。「認識力の高さ」なのです。

今、私たちは、縦の構造として、さまざまな次元構造ということを、みなさんにお教えしています。「四次元、五次元、六次元、七次元、八次元、九次元というような世界が展開している」と、こういうことを言っていますが、その差はいったいどこにあるかといえば、肩書《かたがき》の差でも知名度の差でもないのです。認識力の差なのです。

より高次な立場に立つ人ほど、より多くの世界を見、より多くの人をつかみ、より多く神の心をつかんでいるのであります。その認識力を得るために、われらは幾度となく地上に肉体を持って、さまざまな経験を積んでいるのです。

したがって、私たちが人生の諸問題、あるいは難問題、事件、こうしたものに遭《そう》遇《ぐう》したときに、いちばん確実なアプローチの仕方は、ここからいったいいかなる認識の源泉を見いだすことができるか、「自分は、こうしたケースに関してはこういう考え方をする」ということをつかみ切れるかどうか、同じ事態が二度三度と出たときに、前のときには一週間かかって考えた問題が、今度は一日で解決がつくか、一時間でつくか、一分でつくか、一秒でつくかといったことです。これが文化の発展の原動力であります。

文化というものは、こうした積み重ねでもってできてきたのです。毎回毎回、赤ん坊として生まれ変わるたびに、一からすべてを始めなければならないのであれば、文化というものは、その存立基盤《きばん》がなくなるのです。先人たちが遺《のこ》していったもの、それを下敷《したじ》きにして、さらに次に進んでいこうとする。文化というものも、やはり認識の集大成でもあるということが言えると思います。

このように、私は、今、二つのことを言いました。学ぶということの基本姿勢において、自分を騙《だま》してはならない。自分に正直であれ。裸《はだか》となって、納得《なっとく》がいくまで探究せよ。

これが第一の姿勢でありました。

そして、第二に、「学びの核心《かくしん》にあるものは、より高次な認識力を得るということにあるのだ」ということなのです。

この観点から見たときに、いろいろな人生修行の意味が見えてくるはずです。いろいろな問題にあって、それで自分がボロボロになるだけではいけない。その問題を通して、一つでも二つでも、より高次な認識を得、より新たな視点を得るために、あなたの人生のピンがどこにあるか、影がどこにあるかということを一瞬で見抜くための、そうした教訓として学んでいかねばならないということであります。

3　より大いなる高みを目指して――「知の発展段階」とは

さて、基本的な二つの考え方を話しましたが、さらに、私は「知の発展」について語っていきたいと思うのです。

今まで、「知に発展段階がある」ということは説かれたことがないであろうと思います。私は、「愛にも発展段階がある」ということを、一九八七年の五月、講演会（「愛の原理」）で話をしましたが、知にも、やはり発展段階というものがあります。それは明確にあるのです。

それを通ってきた人、透過《とうか》してきた人にとっては、それは簡単に分かる内容であるのですが、まだそこまで到達《とうたつ》していない人にとっては、なかなか見抜《みぬ》けないものです。

知にも、確かに発展の段階があるのです。

知の発展段階・第一段階――知的格闘《かくとう》の時代を透過した「知の確立」

・さまざまな知識や経験が「認識力」にまで高まってくる

その知の第一の段階、それに至るための段階は何かというと、まず、思考材料として知を集めていく段階があるのです。

これは、今言ったように、みなさんの認識力を増していくための方法です。認識力を増していくためには、さまざまなことを学んでいるということ、また、自分より優《すぐ》れた人たちの思想を学んでいくという姿勢が、何にも増して大事であります。

こうした知的格闘《かくとう》の時代というものが、どうしても第一段階としてあるのです。

これを通らないできた人はどうなるかというと、結局、他人《たにん》の意見に支配されるだけの人間となってしまうのです。問題に行き当たっては、「どうしたらいいのか。

こうしたらいいのか」、こうしたことばかりを悩《なや》む。

しかし、この第一段階の「知の確立」、これを目指した者にとっては、さまざまな知識や経験で得てきたもの、これが自分の認識力、ある程度の認識力にまで高まってきているのです。それによって、人生のよくある問題に関しては解決がついていくようになります。

これで得たものは、非常に大きい。普通《ふつう》の人が一年も二年も三年も悩み続けるようなことを、その認識力でもって、ごく簡単に結論が出せるようになってくるのです。

これは、人生の悩みだけではありません。仕事の上でもそうです。経営者といわれる方々の多くは、この第一段階の「知の確立」に非常に努力をされているのです。部下たちが非常に苦しんでいて、どうやって解決をつけたらよいか分からない問題、それを、経営者はいとも簡単に結論を出すことがあります。

この部分はいったい何であろうか。「インスピレーション」という言葉で簡単に表されることもありますが、このインスピレーションを得る前の段階として、そうした知的格闘があるということです。

それは、より高次なものを学び続けるという姿勢であり、それをある程度、吸収したということ、その自覚であり、その自信であります。

これがあるということが、第一段階の知を確立するためにどうしても必要なわけであります。

こうした「第一段階の知」というものを、ある程度、宗教的なる世界に翻訳《ほんやく》し直すと、いったいどういうふうになるかというと、これが「霊的《れいてき》世界の実感」につながっていくわけです。

・インスピレーションを受けるための二つの姿勢

私自身も、それは実体験しました。さまざまな思想を学び、自分で考え、考え、考え続けていく過程において、非常にインスピレーションというものを受けやすくなってきました。

これは、現在、霊道《れいどう》というかたちになっていますが、それが突然《とつぜん》に開いたわけではなくて、その前段階の部分で、インスピレーションを数多く受けるというような時期があったことを感じます。

なぜ、そういうインスピレーションを受けるようになりえたかというと、そこには二つの理由があったと思います。

それは、「絶えず高次なものを目指して求め続けた」という、その姿勢、これが第一であります。「求めよ、さらば与《あた》えられん」という法則は、どの世界にも通用しているのであって、こうした霊的啓示《けいじ》の世界においても通用するわけなのです。求めている。より高次な認識力を求めている。より高次な悟《さと》りを求めている。より高次な判断力を求めている。

この「求め続けている姿勢」が、他力《たりき》の感応を得るようになるのであります。これが一つです。

もう一つは、やはり「魂《たましい》における純粋《じゅんすい》さ」、これであります。すなわち、先ほど、「虚栄心《きょえいしん》を去れ」という言葉を申しましたが、単に、手段のための知、手段のための学問であっては、この第一段階の知の部分をクリアできないのであります。

みなさんの多くは、「手段のための学問」をしておられた方が多いと思います。進学のための学問、就職のための学問、出世のための学問、こういうことでやってこられたと思いますが、手段としての学問で終わっている人は、この第一段階の知の関門を通れないのであります。決して透過できないのであります。

なぜか。それは、その魂の純粋性において問題があるからです。

学問の奥《おく》にあるもの、これは何かというと、限りない叡智《えいち》に向かって飛翔《ひしょう》していく人間の努力があるのです。この部分を見抜けないで、手段としての学問で終わったときには、この第一段階を通り越《こ》すことができないのです。決してできないのであります。

目的としての学問、目的としての知識の本当の意味を知らねばならんのです。手段が目的へと転化したときに、そこに大いなる人生の生きがいが感じられたときに、みなさんの魂の磨《みが》きが感じられたときに、この学びの姿勢は、一つの段階を透過していくのです。こうして、知の第一段階が終了《しゅうりょう》していきます。

これが、悟りというものを求めていく段階においては、第一段階の悟りでもあります。インスピレーションを得たり、あるいは「小恍惚感《しょうこうこつ》」といいますが、恍惚感というものを繰《く》り返すようになってきます。非常に幸せな感覚というのが多くなるのです。

みなさんも、たまには、何百冊か本を読んでいるうちの一冊、二冊、非常に心が打ち震《ふる》えるような感動、涙《なみだ》が止まらないというような感動というものを味わわれたことがあるでしょう。また、ある人の話を聞いて涙が止まらないというような感動をしたことがあるでしょう。

これらは一つの恍惚感ですが、こうした「魂の喜び」というものを知るに至るのです。これが第一段階なのです。

・自分の心のあり方が変わっただけで、世界が素晴《すば》らしく見えてくる

この段階に至ると、今まで目がベールで覆《おお》われていたようであれば、このベールを取り去った世界の姿が見えてくるようになります。

今まで、「人々は自分を阻害《そがい》するものだ」と思ったり、「自分をいじめている」と思ったり、「世の中は自分の思いどおりにいかないものだ」と思っていた。その思いが晴れて、世の中を見てみると、非常に素晴《すば》らしい世界が展開している。

ヘレン・ケラーの自伝を読んでも、そうした世界が展開しています。目の見えない人でありながら、素晴らしい世界観を持っています。世界が美しく見えるのであります。

これは、文学のなかにどういうふうに表れたかというと、例えば、みなさんのなかには、チャールズ・ディケンズという人の『クリスマス・キャロル』という小さな本を読まれた方も数多くいると思います。非常に短い書物であるので、読まれた方は数多いと思います。

この『クリスマス・キャロル』のなかで、ディケンズはどういう人を登場させているかというと、スクルージという非常な金儲《かねもう》け至上主義者、いじわるで「金儲けさえできればいい」という人を登場させました。

そして、彼はそうした生き方をしていたのだけれども、クリスマス・イブに三人の幽霊《ゆうれい》というものに出会うわけです。過去の幽霊、現在の幽霊、未来の幽霊というのが出てきて、それぞれ、過去・現在・未来のスクルージの姿を見せるわけです。

まず、過去の世界に連れていく。そして、この金儲けのために生きた人間が、そういう生き方を守ったために、いったいどれだけ多くの人たちが泣いてきたか、その姿を見せられる。

また、現在の幽霊が出てきては、現在、このクリスマス・イブにどんな貧しい人たちがいて、どんな苦しみを得ているかということを、その人に見せる。

また、未来の幽霊が出てきて、自分が哀《あわ》れに死んでいく、その姿まで見せていく。こういう三体の幽霊が出てきて、スクルージにその世界を展開したときに、彼は大いなる後悔《こうかい》を始めるわけです。反省を始めるわけです。

自分はどれほど偽《いつわ》りの人生を生きてきたか。どれほど多くの人たちを害してきたか。人々の涙に無知であったか。これを知るわけです。

そして、夜が明けてみると、まったく違《ちが》った世界観が展開していたのです。非常に素晴らしいクリスマスの日が来ていて、人々はすべて素晴らしく見える。今まで苦虫《にがむし》を潰《つぶ》したような顔で生きていた自分が、今度は素晴らしい笑顔でもって歩ける。そうすると、人々もまた笑顔でもって応《こた》えてくれる。

こうした素晴らしい世界観があるということを、スクルージはそのときに気がつくわけです。

同じ世界でありながら、自分の心のあり方が変わっただけで、こんなに変わってくる。そして、世界が素晴らしく見えるわけなのです。

こういうことを、ディケンズはその天才の筆に任せて書いてありますが、これはある意味では、宗教的世界のなかにおいては一つの悟りです。これを書いてあるのです。この第一段階の部分を透過した人にとっては、世界はよりいっそう素晴らしく見えてくるのであります。

・宗教的回心《えしん》のあと、日々の平凡性《へいぼんせい》に埋没《まいぼつ》しないためには

しかし、この第一段階の悟りというものは、もろいものがあります。もろいものがあって、人々から隔離《かくり》されたような、そうした静寂《せいじゃく》な段階、波風《なみかぜ》が立たないような段階においては、心が澄《す》み切っていて非常に平和な心の状態というものを続けていくことができるのですが、やがて、それからの転落ということもありえます。

これは、悟りの世界においては「阿羅漢《あらかん》」という境地があるけれども、それもまた、錆《さび》がつきやすくて転落しやすいと、私たちが語っていることと同じです。

結局、どういうことかというと、この清々《すがすが》しい心境というものは、宗教的人生の

転回、大改心、回心《えしん》という段階において、誰《だれ》もが体験することであるのですが、この体験の問題は、それが人生を前後際断《ぜんごさいだん》するような一大契機《けいき》ではあっても、ずっと続くものではないということです。それが、日々のなかに、日々の平凡性《へいぼん》のなかに、やがて埋没《まいぼつ》していくことがあるということです。

この部分を、いかにして克服《こくふく》していくか。これが「知の第二段階」への非常に大きなステップとなっていくわけであります。

その新鮮《しんせん》な感じ、清々しい感じ、人生が百八十度変わって見えたその世界観を、今度はいかにして続けていくか。この方法なのです。

また、この第一段階を透過した部分では、人間は非常に認識力が高まっており、ある程度、他人の欠点というものがよく見えるようになってきます。

人と会えば、その人がいったい何について悩んでいて、どういう問題を持っているか、どういう欠点があるかと、手に取るように他の人の問題が分かるのですが、他人の欠点はよく見えても、愛の気持ちにおいて、その人たちの欠点は欠点としてありながら、それをより高次なものとして包んでいくだけの愛に、まだ昇華《しょうか》していない部分がどうしてもあるのです。

それはいったい何かというと、知の確立において、まだ不動の時期を経《へ》ていないということなのです。不動の部分、不動の確立まで至っていないからこそ、そうした少々の日常性のなかに埋没していったり、他人への愛において、まだ足らざるところがあったりするのです。

知の発展段階・第二段階——忍耐《にんたい》のなかで「不動の知」を確立する

・時間において踏《ふ》みとどまって精進《しょうじん》を続けていく

さすれば、この第二段階に至るために、いかなる努力が要求されるか。

一つには、さらに精進《しょうじん》を続けていくという姿勢であります。徹底《てってい》的に続けていくのであります。その時間は限らない。しかし、孜々《しし》として自分の努力を積み重ねていく。

松の葉は、冬になっても青いままでいます。「松柏《しょうはく》」という言葉でよく言われます。冬になって、他の葉が赤くなったり黄色くなったりして枯《か》れていっても、柏《かしわ》、松、こういう植物は、冬の雪のなかでも青々とした緑を保っています。常緑の世界においては目立たなかった植物が、雪の世界になってもまだ青さを保っているということを、私たちは経験上知っています。こうしたものです。

この、時間において踏《ふ》みとどまっていくという姿勢、これが何にも増して大事なわけであります。

松や柏のように、他の植物の葉がすべて枯れて冬枯れの世界になっても、まだ青々としてその緑を保っていられるかどうか。これが勝負であります。

受験の機会であるとか、あるいは会社のなかにおいての昇進の機会であるとか、こうしたときには、人間は猛然《もうぜん》と勉強することができます。出世が目の前にあるというようなニンジンがぶら下がっているときには、馬のごとく必死で駆《か》けることができますが、このニンジンがなくなったときに駆け続けることができるかどうか。冬の時代に緑を保つことができるかどうか。これが勝負であります。

この期間を長く保てる人がいれば、長く保てれば保てるほど、その方は「偉人《いじん》」という言葉に近づいていくのです。

偉人たちの生涯《しょうがい》というものをつぶさに見たときに、彼らのいちばん素晴らしいと思うところは「堅忍不抜《けんにんふばつ》の精神」です。

どのような困難があろうとも、どのような苦しい時期があっても、それをどう乗り越えていくかを考え、その間《かん》において、決してギブ・アップしていない。彼らはその雪のなかにおいて、緑を保つ努力をしているはずです。ここに魂が輝《かがや》きを増してくるのであります。

この部分を、この時間を経《へ》ないでは、本当に、魂に〝焼きが入ってこない〟のでありまます。ここを必ず経る必要があります。

・「得意のとき」と「失意のとき」の両極端《りょうきょくたん》の部分に人物が見える

人物を見る方法にはいろいろありますが、いちばんに人物が表れるのは、その人が「得意のとき」と「失意のとき」なのです。この二箇所《かしょ》を見れば、その人はどういう人であるかが分かります。

得意のときに、もろい人はいます。自分がこれから世に注目を受ける、あるいは人々に認められたという瞬間《しゅんかん》に、とたんに満足をしてしまって、胸を張ってしまう人がいます。小成する方です。大人物とは決して言えないのであります。

また、失意のときに、すぐ自暴自棄《じぼうじき》になり、やけになってしまう人、愚痴《ぐち》や不平不満が出る人、これも、やはり小人物の証明をしているのです。失意のときに、どれだけ持ち堪《こた》えられるか。その間、淡々《たんたん》として実力をつけていくことができるか、自分を磨くことができるかどうか。

この耐《た》えうる期間がどれだけあるか、これがその人の器《うつわ》を測る一つの試験であるのです。

また、その人が取り立てられたときに、抜擢《ばってき》されたときに、どうなるか。そのときに、〝当然顔〟をして威張《いば》り始める方は、大した方ではないのであります。自分がより優《すぐ》れた立場に置かれれば置かれるほど、もう一度、謙虚《けんきょ》な姿勢で、「まだまだ努力が足りない。もっともっと先を目指していこう」と、こういう姿勢で歩み続ける人は、やがて大成する方であろうと私は思います。

この両極端《りょうきょくたん》の部分に人間性が出るということを、どうかみなさんも知っていただきたいと思います。

・大きな目標を掲《かか》げて精進を続け、他の人への嫉妬心《しっとしん》を克服していく

こういうふうに話をしましたが、結局、「知の第二段階」とは、この忍耐《にんたい》、耐えるという時期、また、この間に自信を蓄積《ちくせき》していくという時期でもあるのです。

この間に、どれだけ自信を蓄積していくか、成功体験を積み、そしていろいろな

方面への視野を広げていくか、これが鍵《かぎ》となっています。

この確立期に「不動の知」を築くことができない場合には、どういうふうなかたちで表れるかというと、「嫉妬心《しっとしん》」というかたちで表れてくるわけなのです。自分と同じような立場に立っている人、自分より優れている人、あるいは華々《はなばな》しく活躍《かつやく》している人を見ると、非常に心が落ち着かないで、嫉妬心が出てきます。こういう嫉妬心を感じるうちは、この第二段階にまだ到達していない。こういうふうに考えてよいわけなのです。

つまり、自分が無限に無限に精進していくということで夢中になっている人は、他の人々の成功であるとか、失敗であるとか、そうしたことでもって心を動かされることはないのであります。

他の人が失敗して、それだけでホッとするような人もいるはずです。それでうれしくなるような人もいる。あるいは、他の人の成功を見て、それで心が嫉妬で焼かれる人もいる。これはいずれも、まだその知が不動の段階に来ていないということです。

「知」という言葉で表していますが、別の言葉で言えば「悟り」でもあり、また「認識力」でもありましょう。そうした、世界を見、人々を見、自分を見る目がまだ十分に確立していない。こういうことなのです。

どれだけ大きな目標を持って精進しているかが、ここで試《ため》されます。この期間がけっこう長いのです。一生かかっても、これを透過できない方も数多くいると思います。

優れた方であったとしても、他の人々への徹底的な愛が出てくるか出てこないかは、ここの部分にかかっているのです。

この「不動の知」ができれば、他の人々への嫉妬心は消えていきます。そして、優《やさ》しい光へと変わっていくようになります。

第一段階では、まだ修行《しゅぎょう》ということを前面に置いているために、体のなかからはギラギラとしたものが出ることもありますが、この第二段階の不動の時期、ここまで来た者にとっては、それは大いなる愛へと飛翔していくための一つのステップとなってくるのであります。

知の発展段階・第三段階――他の人々への愛へと向かう「奉仕《ほうし》の知」へ

・自分個人のための知から、より高次なものに奉仕するための知へ

たいていの知の段階は、この第二段階までで終わりですが、しかし、さらにこの上の段階があると、やはり言わざるをえないと私は思います。

この上の段階とはいったい何であろうかというと、それが個人的な知の段階から離《はな》れていくときなのです。

第一段階、第二段階とも、知はまだ自分の個人のなかにあるのです。個人のなかにおける発展になっていくわけですが、次なる段階、第三の段階に上がってくると、この知は個人から離れてくるのです。

「個人から離れてくる」というのはどういうことかというと、すなわち、自分の個人的な悩みを解決せんとか、あるいは自分の身近な人をどうこうするとかいうようなこと、そうした日常性のなかでの解決や、心の平安や幸せ、幸福感ということのための知ではなくて、より高次なものに奉仕《ほうし》するための知の段階に来るのであります。

こうした「より高次な段階への奉仕の知」、これはすなわち、単なる知識や技術としての知ではなくて、愛へと転化していく姿であります。知が愛へと転化していく姿が、すなわち、より多くの人たちに共有されるための知の構築となっていきます。

これが、思想として一人立ちしていく時期であるのです。

よく、多くの思想家たちが書物を世に問い、講演をして人々に自分の思想を問うよう段階というのは、この第三段階に入っている場合が多いわけです。心底、人々の心を揺《ゆ》り動かし、そういうような書物を、世に遺《のこ》るような書物を遺すためには、この知が第三段階にまで来ている必要があるのです。

その知の発展において、個人ということを離れて共有化が始まる。多くの人たちの心を奮い立たせ、彼らを霊的に進化させるための知へと進んでいく。その知の容積においても偉大となってくる。

認識力が単なる個人のものではなく、人類への叡智へと変わっていく瞬間であります。

・知が生産性を持ち、さらに大きな収穫《しゅうかく》を結ぶ「菩薩《ぼさつ》の知」の段階

このためには、やはり、数多くの霊的な体験、あるいは神秘体験、あるいはそうした神秘体験をしたような人との出会い、あるいは人生のなかで自分の底を打ち抜くような大いなる体験、こうしたものをくぐり抜けていく必要があるように思います。

日常生活のなかで生きているだけでは、なかなかこの第三段階まで至れませんが、

第三段階に至るときに、自分個人として煮詰《につ》めたこの思想が、やがて人々の役に立っていく、多くの人々を導くために役立てるのではないかと思える段階、これがあるのです。

「個人の学び」は、やがて、こうした「奉仕」へと姿を変えていくわけであります。これが、霊的な世界の構造論で言えば、六次元光明界《こうみょうかい》という知の世界から、七次元菩薩界《ぼさつかい》という愛の世界への飛翔となるわけです。

すなわち、多くの人たちに役立ちたいという思いを持ち、現にそれが実践《じっせん》の段階にまで来ている知の探究は、これはすなわち「菩薩の境地」でありますが、まだここまで至っていない段階の知は、それ以下であるということであります。

この菩薩の段階における知が、今現在において非常に求められていることだと思います。

知的な生活をしている人は数多いけれども、それぞれ、自分の枠《わく》のなかで生きている、自分の知的なライフ・スタイルをエンジョイしているという段階に止まっていることが多いのであります。

さらに、「菩薩としての知」、この段階まで来なければいけない。知が生産性を持ち、さらに次なる投資へと向かい、また大きな収穫《しゅうかく》を結ぶ、こういう段階に来なければいけない。自分が自分で作物をつくり、そのつくったものを自分で食べている段階だけではいけない。より多くの人たちに作物を提供できるような自分となっていかねばならない。

この段階であります。これを目指さなければいけない。

この「菩薩の知」は、これからみなさんに、本書をお読みのみなさんに、ぜひ手に入れてほしい知であります。

これは、自分が学んだことを、より多くの人に、どういうふうに翻訳し、伝えていくか、伝えることができるか。そして、彼らを奮い立たせることができるか。彼らの人生を光明化することができるか。この努力であるのです。大部分の人たちは、これを目標とされることがよいのではないかと思います。

知の発展段階・第四段階——「根源的思想」で人類の歴史をつくる

しかし、知にはこの上の段階ももちろんあります。

これは、「如来《にょらい》の段階における知」であります。これは、人生の秘訣《ひけつ》というものを知るということのみならず、人類の秘宝を探《さぐ》り当てるという意味での知であるのです。

この第四段階に至っては、これは「根源的思想」となります。

ギリシャにあっては、ソクラテスやプラトンやアリストテレスのごとき知。中国にあっては、孔子《こうし》のごとき知。イスラエルにあっては、イエスのごとき知。インドにあっては、釈尊《しゃくそん》のごとき知。こうした根源的な思想を世に問うて、世の人々の流れを変える、時代を変える、文明を変える、文化を変える。こうした大きな知の段階があります。

これは、永年の魂の転生輪廻《てんしょうりんね》の糧《かて》として得た力ももちろんありますが、この菩薩の愛としての、菩薩の知の奥に、こうした根源的なる知があるということを知っていただきたいと思います。

それが、光の指導霊たちが持っている素質を、性質を、知の側面から見た場合の考え方であるのです。

多くの光の天使たちは、単に宗教を説くためだけに出ているのではない。それは、時代を変え、文明を変え、歴史をつくっていくために、新たな人類の歴史をつくっていくために、新たな民族をつくり、新たな人類をつくっていくために説かれている法だということであります。

私も、この法を確立し、知として凝縮《ぎょうしゅく》し、そして、より普遍《ふへん》的なる愛へと、時代を超《こ》えた愛へと翻訳し、後世の人々にまで遺さんとしています。そのための努力を私も続けています。

どうか、みなさんもこうした方向で「知の発展段階」を考えていただきたいと思います。

第2章

ユートピアの原理

一九八八年 第二回講演会

一九八八年五月二十九日　説法《せっぽう》

大阪《おおさか》府・大阪国際交流センターにて

1　危機の時代に臨《のぞ》んで

幸福の科学の運動は、ノストラダムスの説く「闇《やみ》の反対のもの」

　さて、ここでは「ユートピアの原理」と題して話を進めていくわけですが、四冊の書物が同時発売となりました。そのなかでも、いちばんみなさんの注目を引いた書物は、おそらく『ノストラダムスの新予言』●であろうと思います。

　今の時期に、なぜ『ノストラダムスの新予言』を出したのか。このなかには、すでに数年前に収録をし、発表をいったん見送ったものも入っているはずであります。かつて一度、世に問おうとして断念したものを、なぜ、今、こうして再び世に問うことになったのか。その意図はどこにあるのか。

　また、個人の努力を重視する教えを説き、「努力によって運命は乗り越《こ》えていけ

●『ノストラダムスの新予言』　1988年発刊の霊言集。なお、ノストラダムスの予言に関しては、『五島勉《ごとうべん》「ノストラダムスの大予言」発刊の真意を語る』（幸福の科学出版刊）で説明がなされている。

る」という思想を打ち出している私たちが、何ゆえに予言を出すのか、出さねばならないのか。

こうした書物を出すに至るまでに、もちろん私自身の心のなかにおいても、さまざまな葛藤《かっとう》はありました。そうした予言を出すことによる衝撃《しょうげき》、また、その結果、生ずる責任、これをどう果たしていくのか。それだけの覚悟《かくご》ができているのかどうか。こうしたことが問われたわけであります。

私がこうした霊天上界《れいてんじょうかい》からの指導を受け始めて、すでに七年余りの歳月《さいげつ》が流れました（説法《せっぽう》当時）。この間《かん》、何度もみなさんに申し上げましたように、「その実績を自《みずか》ら見つめていく。自ら確実であると思うものをつくり、それを土台として次なるステップを踏《ふ》んでいく」、こうしたことをやってきました。

それほど慎重《しんちょう》にやってきましたし、私自身、さまざまな霊的指導を受けていたとしても、「それが、この世を本当の意味においてよくしていくための力にならないならば、また、本当の意味において人間をよくしていく力とならないものであるならば、世には問うまい、語るまい」、こういう考え方で、今までやってきたわけでであります。

しかしながら、言うべきことは言わねばならないときというものもあります。

今から二千六、七百年も昔のことになりましょうか。イスラエルの地においても数多くの旧約《きゅうやく》の預言者が出ていたわけですが、そのなかにハナニヤという者がおりました。これは偽《にせ》預言者ということで、現代に伝わっておりますが、このハナニヤという人は、何か悪いことが起きるような予言があっても、そういうものを打ち消して、「よきことしか起きない。よきことのみが起きるのである」ということを語って、まあ、その当時としては、一世を風靡《ふうび》していました。それで、けっこう、人々の信頼《しんらい》、身分ある人の信頼を集めていたのです。

そのハナニヤという人は、近年、日本にも生まれており、もう亡《な》くなって七年ぐらいになりますが、ある団体の主宰者《しゅさいしゃ》をやっておりました。

しかし、私は思うのです。目前に起きるであろう悪《あ》しきことを、ただ単に、目に覆《おお》いをかけて黙《だま》っていればそれでよいのか。そうした危機の時代が来るならば、私たちは、来るものは「来る」と言った上で、それなりの覚悟を決めてやっていくべきではないのか。そうした考えもあります。

揺《ゆ》れに揺れた結果、やはり発表する気になってきたわけであります。それは、人類の危機というのが、非常に迫《せま》っているからなのであります。ノストラダムス、黙《もく》示録《しろく》のヨハネ、また、預言者エリヤ、こうした方々が、みな一様に「危機の時代の到来《とうらい》」を説いています。

そして、彼らの説くことは、完全には一致《いっち》はしていません。それは『ノストラダムスの新予言』を読めばお分かりでありましょう。なかにはズレがあります。ズレはあっても、基本ラインにおいては一致していると思います。

そして、こうした予言は、彼ら予言を専門とする者のみならず、他の霊言集《れいげんしゅう》のなかにも出た仏教系の人であるとか、キリスト教系の人であるとか、そうした方々もまた、心の教えを説きながら、そのなかにおいて心構えを説いていたはずです。

恵果和尚《けいかおしょう》などは、「そうした悪しき予言は、言わないほうがよい」と言いつつ、「そうした時代が来る」ということを暗にほのめかしています。また、あれだけ慎重な内村鑑三《うちむらかんぞう》さえも、「そうした時代が来る」ということを予告しています。

もし、それが現実に起きてくる時代であるとするならば、そして、私たちに知らされているようなタイム・スケジュールのとおりに起きてくるものだとするならば、また、ノストラダムスが言うように、この幸福の科学の運動が、彼の説く二〇〇〇年以降の歴史をつくるための「闇《やみ》の反対のもの」であるならば、私たちは、それだけの力と、それだけの行動、それだけの運動を持ち、かつ起こしていかねばならないはずであります。

不安を打ち消すには「希望」を持ってこなければならない

もはや、さほどの猶予《ゆうよ》は許されていないのであります。どのような具体的事態が起ころうとも、それは、「少なくとも、ここ十年、二十年以内に、何らかのかたちとして現象化してくる」ということが言われているものなのであります。

さすれば、どうする。さすれば、みなさんはどうする。私はどうする。これが、一つの、現時点における「発想の原点」であります。

もし、予言書に書かれているようなことが起きるとするならば、さて、どうする。会社で毎日毎日、忙《いそが》しく働いていらっしゃるでしょうが、もし一九九〇年代に、予言されているようなことが起きていくとするならば、みなさんはどうします。「日☆本のある都市に壊滅《かいめつ》的なことが起きる」と予言もされています。どうします。そうした時代になったときに、そうした国情となり、世界情勢となったときに、さてどうします。何を求めます。どこへ行きます。どう行動を取ります。

また、みなさんだけではない。まったく、その日まで何の予期もしていなかった人たちは、どうなりますか。何を頼《たよ》りに行くのですか。どちらへ行けばよいのですか。「未来への光が見えていなければ、人々は闇のなかで狼狽《ろうばい》する」ということが見えているのであります。

☆日本のある都市に……　阪神淡路大震災《はんしんあわじ》（1995.1.17）や東日本大震災（2011.3.11）を予知していたかもしれない。

さすれば、私たちは、今、非常に苦しいジレンマのなかにあります。「組織としても基礎《きそ》を固め、また、そこに集《つど》った人たち一人ひとりの仏性《ぶっしょう》を顕現《けんげん》させたい、神性《しんせい》を磨《みが》きたい」という手間のかかる発想。そうした発想の逆に、「一日も早く大伝道を開始しなければならない」という要請《ようせい》があるのであります。これをどうするか。

しかし、これを解決するには、いたずらに〝狼《おおかみ》が来る〟ということを言い、その危機を扇動《せんどう》するだけでは済まない。

闇を打ち消すには、闇の逆のものを持ってこなければならない。

不安を打ち消すには、「希望」を持ってこなければならない。

2　ユートピアをつくるための三つの指導原理とは

さすれば、その希望の原理とは何なのか。最悪の時代が来るときの「ユートピアの原理」とは、いったい何なのか。

私はユートピアについて語りますが、この「ユートピア」という言葉が、これから一時期、人々の心から失われていく時代が来るのです。それは、まもなく来るでしょう。けれども、そうした時代を通り抜《ぬ》けて、次なる時代へ向けて、私たちは着実に準備をしていかねばならないのです。

その「ユートピアの原理」は、まず、大いなる三つの指導原理からなっていくものであります。

第一の指導原理――霊性《れいせい》の時代の確立

その第一は、今、この時期に、「霊性《れいせい》の時代」を打ち立てなければ、打ち立てるべきときはないということであります。さまざまな危機はあるかもしれない。しかし、その危機を危機として見るだけではない。その危機を、三次元的に回避《かいひ》することのみが目的ではない。この時代は、一つの演出でもある。私たちは、それを見抜かねばならないのです。

そうした時期であるからこそ、こうした時代背景であるからこそ、私たちは、今、相手の力を借りて技《わざ》をかける柔道《じゅうどう》のように、一気に「霊性の時代」確立へ向けて、大きな胎動《たいどう》をしていくことができるのであります。「あらゆるチャンスを、よい方向に使っていく。未来への布石《ふせき》に使っていく」、そういう考え方を大事にしたいと思うのです。

例えば、現在の日本という国では、「あの世の世界、霊的な世界の存在」を、また「人間の本質が魂《たましい》である」ということを信じている人が、いったい何割いましょうか。二割程度でしょうか。また、その二割のうちで、確信を持っている人は、いったいどれだけいるでしょうか。

何億年も前から、あるいは、もっと以前から定まっている仏法真理《ぶっぽうしんり》が、まったく当然のことである仏法真理が、この二十世紀の末という現代において、これだけ高度に発達した時代において、まだ人々に認められていないというのは、これはいったいどういうことですか。

そして、それを知らないで毎日暮らせるということは、どういうことですか。私たちは、どうした集団なのでしょう。どうした人間なのでしょうか。この二十世紀に住んでいる日本人、あるいは世界の人々と言ってもいい、私たちは、いったい何の上にあぐらをかいているのでしょうか。まったくの虚妄《きょもう》の上に、現代の文明が成り立っているという事実、これを認めざるをえないのであります。

高級霊からの通信は、さまざまなかたちで発表しています。彼らはいろいろなかたちで、その実在界の証明をしようとしています。けれども、言いたい結論は一つです。あるから「ある」と言っているのです。「現にあるものはある」と言っているのです。

例えば、現に日本の国があるから「ある」と言っているように、現にアメリカという国があるから「ある」と言っているように、あるから「ある」と、彼らは、はっきりと言っているのです。それは、地上にある一人ひとりが納得《なっとく》がいくかいかぬか、目で見えるか見えぬか、こんなことで左右される結論ではないのであります。

また、「転生輪廻《てんしょうりんね》の法則」というもの、これなどは、霊的世界、この世を去った実在の世界では、小学校一年生の算数よりも簡単な事実なのです。当然のことなのです。この当然のことを、現代に出ている人々のなかでも〝最高の知識人〟といわれるような人たちが分からないのです。

では、その知識は何だ。その知識人の知識とはいったい何なのだ。何を集めているのか。「学問」と称《しょう》しているものの中身は何なのだ。〝ガラクタの集積〟ではないのか。

このように、現代にさまざまに信じられ、価値あるものと思われているもの、これらがいったんすべて否定されるべき時代が、今、来ているということなのです。

神様というのは、私たちが考えている以上に思い切ったことをされることがあると、私は感じています。それは、愛というもののなかには、とても面倒見《めんどうみ》のいい、人に対する優《やさ》しさもあるけれども、もっと高次の愛のなかには、思い切って外科《げか》手術をしてしまうような愛もあるからです。それをそのときにしなければ取り返しがつかない場合には、そうしたこともありうるということです。

私は、その外科手術の時間が近づいていることを知るにつれ、まるで入院する患《かん》者《じゃ》の親戚《しんせき》か何かのような気持ちでいます。これで無事よくなってくれればいいが、しかし、身内であるということは、それだけ心配でもあります。無事、うまくいくだろうか。はたして成功するであろうか。

今後の大混乱、そして、その大混乱は、地上のみならず、霊界《れいかい》にもそうとうな混乱が起きます。多くの人たちが地上を去るということが、ほぼ決まっているのでありますす。そうした何億人、あるいは、それ以上の人たちが地上を去るときに、どうやって、その霊天上界《てんじょうかい》の混乱に収拾をつけるのか。これは難しいことです。

ただ、私は、今という時代にみなさんが出てこられたということは、おそらく、この神様の創られている劇のなかで、シナリオのなかで、舞台《ぶたい》のなかで、一つのクライマックスにいらっしゃるということだけは事実だと思います。みなさんは、そのクライマックスの戦慄《せんりつ》ゆえに場外に出るか、それとも最後まで見届けようとするか、そうした選択《せんたく》が許されているのです。

考えれば考えるほど、私たちの仕事というものは果てしないものであります。いったい、どれだけの人に、どれだけの話を、どれだけの深さでしていけばよいのか。考えれば考えるほど、途方《とほう》もない感じがいたします。

しかしながら、どうしてもやっておかねばならないことは、☆少なくとも今から三年以内に、この幸福の科学の奉《ほう》じている仏法真理を、日本の隅々《すみずみ》にまで何らかのか

☆少なくとも今から三年以内に……　1991年7月15日、東京ドームでの御生誕祭が挙行《きょこう》され、その後5年間で10回、2017年には東京ドームから全世界3500カ所に中継された。

たちで浸透《しんとう》させなければならないということだと思います。そのための方法論を、現在、模索《もさく》しているのです。

第二の指導原理――経済原理の変革

・経済のなかにある悪《あ》しき唯物信仰《ゆいぶつしんこう》は打ち破られなければならない

新時代の幕開けに、「霊性の時代を打ち立てる」という第一の方針が徹底《てってい》的に実行されることが必要だと語りましたが、第二に必要なことは、「経済原理の変革」であります。

ここ数百年の間に、資本主義経済の原理というものが、日本各地に、あるいは世界各地に広がっています。そして、そうした事業形態が、あたかも当然であるかのごとく受け入れられています。

しかし、はたして、それは「当然」と言えるのでしょうか。「当然ではないのではないか」と、私は言っているのであります。すでに、三月に『新ビジネス革命』という書物を出版いたしました。そのなかにおいても、新しい経済原理の触《さわ》りについては話をしていますが、現在のあり方は、一言《ひとこと》で言って間違《まちが》っているのでありま す。

男性であれば、七割、八割の人でしょうか、もっと多くでしょうか。かくも多くの人たちが生計を立てていくなかに、何ゆえに、この利潤《りじゅん》追求型の考え方が至上原理として、最高の原理として信奉されるのか。その理由を、みなさんは問うてみたことがありますか。

私は、「利潤がいけない」とは言っていない。「利益がいけない」とは言っていない。ただ、「何ゆえの利益か、何ゆえの利潤であるのか、それをはっきりせよ」と言っているのであります。みなさんが勤めておられる会社のなかでは、もちろん、利益追求を新入社員のころから当然のこととして教わっているはずです。「何ゆえに」と問うてみてください。何ゆえにですか。

みなさんは、これがまさしく〝現代の悪《あ》しき新興宗教〟であるということを知らねばならない。こうした信条を一人ひとりの頭のなかに植え込《こ》んでいるということが、どれほど人間の魂を毒しているかということを知らねばならない。

経済活動によって生まれる利潤、それは、ある目的があって初めて許されるのであります。

その目的とは何か。消極的要件としては、「☆人間を堕落《だらく》させてはいけない」ということです。積極的要件としては、「その生み出す利潤・利益が、社会の幸福化に奉仕しなければならない」という前提があるのです。

この二つの前提を外したときに、大部分の人たちが信じているこの現代の唯物信《ゆいぶつしん》仰《こう》、「バアル信仰」は悪と化するのであります。みなさんは、これが一種の偶像崇《ぐうぞうすう》拝《はい》であるということを、「数字」という名の偶像崇拝であるということを知らなくてはならないのであります。バアルの神が流行《はや》っているのです。悪しき唯物信仰が流行っているのです。この姿を変えた唯物信仰を打ち破っていかねばなりません。

☆**人間を堕落させてはいけない**　1990年、バブル崩壊という経済危機が起きた。

・「あの世の経済原理」をこの世に持ち来たらす

経済原理における利益というものは、本来、「人間の活動をどのように評価するか」という観点から見積もられるべきものなのです。

いろいろな方がいろいろな分野において活動し、仕事をしていますが、それらをいったいどのように評価すればよいのか。その評価の一つの基準として、貨幣《かへい》価値というものが与《あた》えられているのです。しかし、これは非常に原初的形態、原初的という言葉が難しいならば、非常に下位レベルでの評価の仕方の発現形式です。

実在界においても、貨幣経済というものはあります。それはあるのです。例えば、四次元の幽界《ゆうかい》世界においては、確かに、そうした貨幣というものも流通しています。もちろん、それは物質によってできたものではありません。人々が「そういうものを必要」だと思って、念の世界においてつくっているのです。

五次元世界においても、何らかのそうした交換《こうかん》形式の経済というものはあります。

そして、その感覚が残っているのは、最終、六次元光明界《こうみょうかい》までです。ここでは、もはや、貨幣形態、あるいは、そうしたもので測られる形態での価値はありませんが、「感謝の念」というかたちでの「念の貨幣経済」「念の経済」というのが行われています。

そして、それより上の世界になっていくと、これは「神の光」というのが、一つの経済原理になってくるのです。人々の行動、活動をどう評価するか。その評価の結果は、神から与えられる光の量として明らかに現れるのであります。

その指標の一つが、「後光《ごこう》」「オーラ」といわれるものに現れてくるのであります。この後光といわれるものは、実は神の貨幣そのものであるということを、みなさんは知らなくてはいけないのです。あの世で通用する価値、あの世で通用する貨幣というのは、「神の光の量」なのです。それだけの仕事をしたら、それだけの評価が下《くだ》ります。与えられます。それはオーラとして、光の量として蓄積《ちくせき》できます。

その意味で、地上における貨幣とまったく同じです。蓄積できるのです。その人の仕事量に応じたもの、神の心に応じたその仕事のレベルの高さ低さ、また、その仕事量そのもの、こうしたものによって与えられているのです。これは仏法真理の世界の経済学であります。

ところが、これは、この地上をまったく離《はな》れた世界のみにあるものではありません。地上においても、ある程度、妥当《だとう》しているのです。みなさんには、神より与えられる光の量そのものは分からないでしょうが、その間接的な効果というのが、いろいろなかたちで現れてくるのです。

例えば、それが「健康」というかたちで現れてくることもあります。また、家庭や会社、そうしたところでの「成功」というかたちで現れてくることもあります。また、それ以外に、「よき人格」となって、神より与えられた貨幣が顕現《けんげん》してくることもあります。そうした神の国の経済学は、ある意味において、「間接的に、この世でも通用している」と言えるのです。

そうしてみると、この地上というところには、二通りの貨幣が出回っているのです。一つは、日銀、大蔵省《おおくらしょう》（現・財務省）が発行している貨幣です。もう一つが神様が発行している貨幣です。これは別々のものではなくて、ある市場に出れば、代替《だいたい》効果があるのです。どちらでも通用する部分があるのです。また、違うところへ行けば、全然通用しない。そのお金は通用しない部分があります。

私たちが、どのような世界において、今後の経済原理を打ち立てねばならないかといえば、この両者が入り乱れているところ、この潮《うしお》と潮が出合っているところです。ここを基準として、新たな原理を打ち立てていかねばならないのです。

こうしてみると、今後の経済原理のあり方は、仏法真理の価値、「神の心にどれだけ近づいているか」という、その仏法真理の価値が、この世的なる価値と一致《いっち》していく方向で動いていかざるをえないのです。そうすることが、あの世の経済原理を、この世に持ち来たらすことになっていくのです。私は、今、こうした主張をしています。

これは、結局、二千年前にイエスが、「カイザルのものはカイザルに。神のもの

は神に」と言った言葉、この言葉を切って捨てるために、今やっているのでありま
す。イエスを乗り越《こ》えていくために、今やっているのであります。

イエスは、神の国の実現を説きました。そして、「汝《なんじ》ら悔《く》い改めよ。神の国は近づけり」、そういうふうに言いました。悔い改めがあるときに、神の国は近づけり。英語では“at《アット》 hand《ハンド》”（手近にある）と書きます。「近づけり」と訳してあります。

彼は、神の国を地上に打ち立てるために出たけれども、彼の「神の国」は、「心の王国」を出ることができなかったのです。

しかしながら、今回、私たちがつくり上げようとする“The《ザ》 Kingdom《キングダム》 of《オブ》 God《ゴッド》”（神の王国）は、心のなかと心の外、両方であります。この地上世界を天国の世界へと変えていかずして、今世《こんぜ》の私たちの使命は果たせないのであります。

第三の指導原理――「個人」と「全体」を改革していく二大行動原理の構築と探究

さすれば、私たちの行動原理は二種類に分かれていくということが言えましょう。それは、個人としての悔い改め、つまり「悟《さと》りの原理」と、いま一つは、社会全体の悔い改め、すなわち「社会改革の原理」であります。

この両者、長剣《ちょうけん》と短剣の二刀流でもって、私たちは、今、この地上に躍《おど》り出ているわけです。二刀流でもって世界を改革していく、こういうことを決意しているのです。この二本の刀がなければ、現代は変えていけないのであります。

心の王国のみを説くならば、現代という時代に、私たちがこうして、今、伝道を開始し、今後、私が全国各地で獅子吼《ししく》をしていく理由がないのであります。それは、二千年前も、三千年前も、一万年前も、十万年前も、やってきたことなのです。

さすれば、単なる繰《く》り返し、単純再生産のために出てくるわけにはいかないのです。私たちは、さらに次なるものを目指していかねばならないのであります。

かくして、第三の柱として、この神の国を打ち立てていくための、「個人と全体を改革していく二大行動原理」というものの構築と探究ということが、どうしても必要となってくるわけであります。

3　ユートピアに向けた個人の行動原理とは

第一段階――自己変革の意欲とエネルギーを持つ

・霊言集《れいげんしゅう》を通して、模範《もはん》となる生き方を学べ

まず、その第一の段階として、私は今、最初の「心の王国」の部分を中心として、みなさんに話をしていますし、また書物も出しています。

一九八七年三月、牛込《うしごめ》公会堂において、「幸福の原理」を発表いたしました。それが、「愛」と「知」と「反省」「発展」という四つの要素から成り立つ、現代的「小乗《しょうじょう》の教え」であるということをお話しししました。

私たちの教えの比重は、まだ小乗にあります（一九八八年当時のこと。その後は

全国的な大救世運動が展開されている）。基本として、まだ小乗の部分にありますが、少なくとも、まず最初のユートピアが、「心の原理」「心の教え」から始まるということは、鉄則であるのです。

それは、結局、こうした観点から説明がなされると思うのです。「環境《かんきょう》が変われば自分が幸せになる」と言うならば、何ゆえに、幾転生《いくてんしょう》してくるのか、いろいろな時代に生まれるのか、いろいろな役柄《やくがら》で生まれてくるのか、この説明ができるかということであります。

王様がよければ、ずっと王様として生まれてくればよい。しかし、転生の過程において、王様ばかりをする人はいないのです。王様をし、乞食《こじき》をし、中流階級をし、いろいろな役割を果たしつつ、人生行路を歩んできているのであります。

宇宙を流れるこの原則を見たときに、根本《こんぽん》において、「どのような環境であっても、心の王国を築け。心のユートピアを築け」という一つの大きな指導原理があることを、私たちは認めざるをえないのであります。そして、これは、変えることが許されない不文律《ふぶんりつ》として、長い間、人類の歴史を貫《つらぬ》いてきたものであります。

では、今の時点において、この心のユートピアをいかにしてつくるか。この心のユートピアをつくるための原理として、何を考えるか。どうする。さあ、どうする。これが問われるわけであります。イエスが言うような、"The Kingdom of God《ザ　キングダム　オブ　ゴッド》"、神の国を、せめて間近に引き寄せるためには、どうすればよいのか。

これは、まず、少なくとも、現に神の国に生きている人たちがどのような生き方をしているか、彼らがどのような考え方で生きているのか、これを知らずしては達成できないということであります。

では、そのための材料として何があるか、そのために、私は、霊言《れいげん》・霊示集《れいじしゅう》、これを世に問うているのです。この意味を知っていただきたいと思います。「神の国を自分の心の内に持ってくるためには、いかなる考えを持たねばならないのか」、それをお教えしようとしているのです。「みなさんがたの先輩《せんぱい》に学べ」と言っているわけなのです。まず、「どういう心持ちで生きていた人たちが天国にいるのか」、私はそれをこそお教えしたい。それゆえにこそ、歴史的に名前のある方々の霊言を世に問うているのです。

もちろん、この〝逆〟の方法もあります。どういうふうな生き方をすれば地獄《じごく》に堕《お》ちるか、これの探究ということも可能です。「こうした間違《まちが》いを犯《おか》せば、こうした結果になる」という探究も可能ですが、まず私は、みなさんに模範《もはん》を教えたい。模範事例を教えたい。「手本とは何か」ということを教えたいのです。それゆえに、次から次へと、さまざまな霊言集を世に問うているわけなのです。

まず、彼らの生き方、考え方を見てください。自分の考え方が、彼らのレベルまで来ていると思う方は幸いであります。その方はその調子で生きていってください。

しかし、残念ながら、大多数のみなさんは、そこまで行っていないはずです。自分が、今、死んだとして、霊になったとして、同じようなことが言えますでしょうか。どうでしょうか。同じようなことが言えて、だいたい同格であります。言えましょうか。どうでしょうか。

まず、私は、結論から申し上げて、「こういう生き方をしたほうがよい」という模範を、最初に事例としてお目にかけているのです。

・「自己変革」の意志を持ち、自《みずか》らの心に神の国をつくるのが出発点

さて、それを学んで、では、次にどうするのか。方法論としてどうするか。これが課題となってくるわけであります。

まず、目を内に向けよ。これが出発点です。

自己変革する意志があるかないか、これが出発点なのです。これは幸福の科学の会員の資格ともなっています。「自《みずか》らの正しき心の探究」と書いてあります。それを字面《じづら》だけ読んで、自分は「正しき心の探究」をしているという方は、いくらでもいるでしょう。ここで言っていることは、「自らの心を変革する気があるかないか」ということです。それを私は言っているのです。

現在ただいま、神の心そのままでもって生きているような方は、このような末世《まっせ》

においては数少ないのであります。大多数の方は、そのようには生きていないのでありますこれを出発点として、まず考えてください。

さすれば、「正しき心の探究」というのは、当然ながら「自己の変革」というものを要求しているのであります。自らに考え違いがあり、過《あやま》ちがあるならば、即座《そくざ》に修正し、変えていこうとする意欲があるかないか。「自分は正しいのだ。このままで生きていってよいのだ」という方は、もうすでに、その出発点において土俵《どひょう》に乗っていないのです。

抽象《ちゅうしょう》的なことと考えていただきたくない。抽象的に「正しき心の探究」と考えていただきたくない。それが意味しているものは、結局、「自己変革への意欲とエネルギー」であります。「自分の心を変える気があるかないか」を問うているのであります。

変える気がない方は、会員を辞《や》めてください。結構です。そういう方のためにやっているのではない。自己変革をする気がない方は、すなわち、「自らの心のなかを見て神の国ができていないならば、大工《だいく》仕事でもって自らを改善していく、修繕《しゅうぜん》していく」という気持ちがない人間は、「幸福の科学」の会員としての資格はないのであります。

「現状そのままで悟《さと》っている」という方は、教祖として、ほかの教えを説かれるか、あるいは、まったく違った世界で生きていけばよいと思います。厳しいことを言うかもしれませんが、現在ただいまで満足している人、自己変革の意欲のない人には、会員の資格はないのであります。それを、まず私は言っておきたい。

結局、それほど、この「三次元世界」と「四次元以降の実在界」のあり方というのは違うのです。それだけのギャップがあるのです。それは、みなさんが意欲し変えていこうと決意しなければ、決して変わらないのです。それほどの違いがあるのです。

実在界の高級霊たちから見れば、私たちの世界というのは、もう海の底を歩いているようなものなのです。それほどフワフワとして不安定なものなのです。あるいは、砂漠《さばく》の蜃気楼《しんきろう》のなかを歩んでいるような、そうした状態であります。「そんなことでは駄目《だめ》だ」と言っているのであります。もう一度、心を入れ直せ。やる気を出して、「自らの心に神の国をつくる」、そういう決意を持たねばいけない。その決意を持つことが、まず出発点です。

これを、仏教では「菩提心《ぼだいしん》」といいます。悟りを求める心です。これを釈迦《しゃか》も強調しました。まず求める心がない人間は、変えようがないのであります。

お金をあげたら変わりますか。それは、一時期、変わるでしょう。しかし、根本的には変わらない。家を建ててあげたら変わりますか。一時期、変わるかもしれない。しかし、その人の根本的な人格は変わっていかないのです。

・すべての人に、「心の王国」とそこに入るための「鍵《かぎ》」が与《あた》えられている

「心の王国」に住むためには、自らの心のあり方を変革していく以外に道がないのです。これは、他の人の手によっては変えることはできないのであります。

一人ひとりが心の王国を持っており、心の王国を開《ひら》けるための鍵《かぎ》を与《あた》えられているのであります。この鍵には合鍵はないのです。自分の鍵で開《あ》けなければ開かないのです。この扉《とびら》は開かないのです。

各人がその鍵を持っているということを、私はいろいろなかたちで、いろいろな機会に、みなさんにお話ししています。「そこにぶら下げている鍵で、まず自らの心を開けなさい」と言っているのです。「それが分からないか」と言っているのです。「これだけ材料を出して、まだ気がつかないか」、こう言っているのです。どうか、会員、あるいは会員にならんとしておられるみなさんは、それだけの決意を持っていただきたい。自己変革の意志を持っていただきたい。それほど、「神の願うみなさんのあり方」と「現在のみなさんのあり方」の間には、ギャップがあるのです。

私は今、高級諸霊たちの情熱というものをひしひしと感じています。彼らは気づかせたいのです。みなさんがたに気づいてほしいのです。ところが、どれだけ情熱的に語りかけても、みなさんは書物のなかの単なる活字としてしか読んでおられないのです。彼らがどれほど魂《たましい》を振《ふ》り絞《しぼ》って言っているか、それに気づいていないのです。

立場を変えてみてください。みなさんがもし地上を去って、あの世で天使をなさるとして、地上の人たちの現在のあり方を見て、どう思います。どうしたいと思うでしょうか。私には、「高級諸霊たちが、どれほどの情熱を持って見守っているか。みなさんをどれだけの情熱で見守っているか」が、ひしひしと伝わってきます。しかし、それを十分に伝え切れていないことを残念に思います。

ただ、私は「鍵がある」ということだけは言っておきます。「自らが下げている鍵、これを手に取ってつかめ。そして、鍵穴に差し込《こ》み、自らの心の窓を開《ひら》け」、こう言いたいのです。そして、少なくとも、一人ひとりの人が「神の国とはこうした国であった」ということに気がつかないでは、救世のエネルギーというものは決して湧《わ》いてこないのであります。

みなさんは、時折、「神は非常に不公平な方だ」と思ったりすることもあるでしょう。なぜ、これほど環境が、与えられた能力が違うのか。まったく条件が違うではないか。住む所が違う。両親、家柄、収入、体格が違う。いろいろな違いがある。「これは不公平だ」と言うかもしれないけれども、神様がまったく同じ扱《あつか》いをしている一点があるのです。

それは、「それぞれの人に、自分の扉を開けるための鍵を与えている」という、この一点であります。これは平等です。まったくの平等であります。すべての人に等しく用意されているのであります。

第二段階――仏法真理《ぶっぽうしんり》の探究・学習・伝道

「第一が、こうした自己変革の意欲、エネルギーである」と言いましたが、では、第二段階は何でしょう。何が第二か、次なるものはいったい何なのか。意欲して、次にどうする。私は、この次なる段階が二つあると感じます。

①内部蓄積《ちくせき》の原理（仏法真理の探究・学習）

一つは、内部の蓄積《ちくせき》です。これをやらねばなりません。

神から預かってきたものを、私たちは今世《こんぜ》の人生において、どれほど使い果たしてしまったことでしょうか。もう空《から》っぽになってきているわけです。この世に出てくる前に、この旅の資金として、私たちはみんな、神様から旅行資金を頂いて生まれてきているのであります。ところが、途中《とちゅう》で、この旅の大目的を忘れて、さまざまなことに散財してしまっているのです。使い果たしてしまっているのです。違ったところで使ってしまっているのです。

大切な交通費として、大切な宿泊費《しゅくはくひ》として神様から与えられてきたものを、私たちは、とんでもないところに使ってきたのです。これではいけない。このままでは、旅の最後まで行き着くことはできない。それに気がつかなければいけないのです。

さすれば、まず、もう一度、出発点を振り返り、蓄積を開始することです。光のエネルギーの蓄積を開始する。愛のエネルギーの蓄積を開始する。これが大事であります。仏法真理《ぶっぽうしんり》の蓄積を開始する。

みなさんは、旅費を使い果たしているのです。もう一度、旅費を貯《た》めていく必要があります。これが、変革の意欲から次なるステップの一つです。

釈迦は、孜々《しし》として、この大切さを説きました。四十数年間説いてきました。内部に蓄積をしていくということが、どれほど大事なことであるか。心の糧《かて》を積むということが、どれほど大事であるか。これを説き続けました。それは、心に蓄《たくわ》えたその糧こそが、多くの人々の心を潤《うるお》していくための材料になっていくからです。多くの人たちに施《ほどこ》していくための材料になるからなのです。

布施《ふせ》にもいろいろあるけれども、「法施《ほうせ》」「法を与える」「法を説く」という布施が、最大の布施であります。この法施は、心のなかに仏法真理の蓄積をせずにはできないのです。それゆえに、私は言っています。「まず知れ。まず学べ。仏法真理の探究・学習・伝道の順序を間違うな」と。

これを改めて言うとするならば、結局、「探究」というのは何かというと、「関心を持ち、問題意識を持って、情報を収集していく。知識を集めていく。仏法真理知識を蓄積していく。将来のために蓄えていくということ」です。

そして、「学習」というのは何か。「その集めた知識を、自己のものとして消化し、自分なりの武器となるように研《と》ぎ澄《す》ますということ。いつでも使えるような状況《じょうきょう》に変えていくということ」です。

仏法真理の種は数多くあるでしょう。それを単に集めるだけではなく、さらにそれを積極的に使っていけるための準備をしていけ。

すなわち、霊言集などを学んだなら、学びっぱなしで終わるな。
それをどのように自己のものとして、次なるステップへ使っていけるか、その応用段階を考えよ。
自分なりの方法論として何があるか、それを考えよ。

ここまで行かねば「学習」とは言えない。
単に受け売りではいけない。
単に、どこそこにどう書いてあったというのでは学習ではない。
学習というのはここまで行かねばならない。
この仏法真理の考え方を、自分はどのように使っていけるか。
自分のなかで、あるいは、自分の周りに、どう使っていけるか。
この観点からして、
仏法真理の再統合、再編成を自分自身のなかでやっていかねばならない。
ここまでできなければ、「学習した」とは言えない。

②活動の原理（伝道）

・学習から伝道に至るプロセスを間違えない

そして、「伝道」があります。結局、第二段階の一つは内的蓄積の原理であり、もう一つはこの伝道の部分、すなわち活動の原理であります。

蓄積したものを真の意味において学習したならば、さあ、それをどう出すか。よく学んだ人ほど、よく教えることができます。よく知った人ほど、さまざまな角度から行動していくことができます。

現代の宗教の貧困《ひんこん》は、「この行動の原理における対機説法《たいきせっぽう》ができていない」というところにあります。相手に合わせた、相手の心の段階に合わせた活動ができていない。これゆえに、宗教というものが、今、異端視《いたんし》されているということを知らねばならない。

手前味噌《てまえみそ》だけでやっているのです。「こういうお告げが下《くだ》ったから、それを広げればよい」というふうなかたちでやっている。だから、いけない。だから、誤解される。だから、つまはじきにされる。そこが違っているのです。

そうではない。

そうした材料は材料としてあるけれども、それをまず自らの血肉とせよ。自分のものとせよ。

自分のものとしたならば、自分の言葉として語れ。自分の行動の一部としてそれを消化せよ。

これが大事なのであります。

私の話を聴《き》き、また、さまざまな書物を読んで学んだなら、それをいったん忘れてしまうところまで勉強してください。「勉強した」ということさえ忘れるまで勉強してください。そして、「もとから自分の内にあった」と感じるところまでやってください。そうなって初めて、みなさん独自の自然な言動として、いろいろなことを人々に話すことができるのです。

「大川隆法が言ったからどうだ」というようなこと、こんなことは何の関係もないということを知ってください。今日、私から聴いたことで、みなさんの心のなかに響《ひび》くことがあるならば、魂に響くものがあるならば、それを自分のものとしてください。

それを自分の思想としていただきたい。

自分の信条としていただきたい。

そして、自分の信条としたなら、それをどうする。

どう、自分の毎日のなかに組み込む。

どう、人に伝える。

これは、「自らが、小さな神の王国の一部として活動せねばならない」と言っているのであります。これを知っていただきたい。

この「学習」から「伝道」に至るプロセス、ここの間違いが、現代のこの仏法真理の世界、心の世界の間違いを生んでいるということを、私は、繰《く》り返し繰り返し言っておきます。どうか、これを知っていただきたい。

「偽物《にせもの》の自分」と決別し、「神から愛されていた自分」を発見する喜びを感じよ

ほとんどが、ここを間違えているのです。自分のものになっていない。自分のなかに王国ができていない。できていないのに、隣《となり》の家に行って、隣の人の心の錠《じょう》を自分の鍵で開《あ》けようとしている。

違っているのです。鍵を開けるのは本人です。少なくとも、他の人に錠を開けるように勧《すす》めるとするならば、まず、自らの鍵で自らの心の窓を開《ひら》いてください。神の王国を感じ取ってください。「これが神の欲《ほっ》する生き方だ」というものを実感してください。

そのときに、みなさんの心のなかに一つの調和が訪《おとず》れるでありましょう。一つの感激が、一つの感動が訪れるであろうと思います。「自分が生まれ変わった」とい

う感覚を必ず感じるはずです。「自分が生まれ変わった。新生した」という実感が湧いてこない人は、まだ、心の錠が開《あ》いていない。それを知っていただきたい。本当に「自分が生まれ変わった」と感じるところまで、自分の内に踏《ふ》み込んでいっていただきたい。

その部分において浅い満足でいい気になっている人が、世の中を混乱させているのです。

どうか、その最大の感激の瞬間《しゅんかん》を、みなさんに、今世味わっていただきたい。味わわせてあげたい。「その幸福感がどのようなものであるか」ということを、知っていただきたい。

「偽物《にせもの》の自分」と決別し、本当に「神から愛されていた自分」を発見したときのその喜びを、一人でも多くのみなさんに味わっていただきたい。私はそう思っています。

なぜなら、これが、私のいちばん大きな仕事の一つであるからです。

ほとんどの人が、これを知らないでいるのです。今世でそれに気がつけば、来世《らいせ》の混乱はないのです。あの世での苦悩《くのう》もないのです。そうしたものを、あの世に行ってから解決しようとするから、苦しみがある。今世で、もう解決していただきたい。

解脱《げだつ》ということは、霊天上界《てんじょうかい》の高いところに還《かえ》って、地上に生まれ変わらないことだけを言うのではない。解脱というのは、「鎧《よろい》のごとき重いもの、三次元的なるものを取り去りなさい」と言っているのです。これが解脱なのです。「鎧を脱《ぬ》げ」と言っているのです。「鎧を脱いで金剛身《こんごうしん》を出せ」と言っているのです。

みなさんの心には、鎧があるのです。

そうした重い鉄の鎧を着て、ガシャガシャと歩いているのです。

それが、霊的な目で見て、

どれほど滑稽《こっけい》であるかということを知っていただきたいのです。

早く、それを脱ぎなさい。

早く取りなさい。

高級霊から見たならば、地上はそうした鎧を着た人が、ガシャガシャと、東京でも大阪《おおさか》でも、あっちにもこっちにも歩いているのです。

何とかして軽くしてやりたいと思いませんか。

それなら、まず、みなさんがた一人ひとりが鎧を脱いでみることです。

まず、鎧を脱いでみてください。

どれほど軽いか。どれほど気分がいいか。

それを知っていただきたいのであります。

仏法真理を本当に学び切ったら、じっとしていられない

そのために、
最初の自己変革のエネルギーを起こし、

次に、仏法真理というものを真剣《しんけん》に学び、体得し、
これを実践《じっせん》面に応用していく。
これがどうしても大事なのであります。
そして、「神からどれだけ与えられているか」という、
この与えられているものの学習を真にし終えたときに、
「真に知る」ということが行動につながるのです。
行動にならない、行動に転化しない知識は、本物ではありません。
本当に知ったら、
本当に学び切ったら、ひとりでに体が動きます。
足が動きます。
手が動きます。
口が動きます。
じっとしておれません。

じっとしていられないのです。伝えたくなります。
それが本物です。
右から左じゃない。
どうしても体が動く、体が動いてしまうのです。
その境地を、まず最初に味わっていただきたい。
知っていただきたい。
そのように思います。

第三段階――今世を縁《えん》として、数多くの光の天使をつくる

これが心の王国の二段階目と言いましたが、三段階目がもちろんあります。心のユートピアをつくっていくための三段階目、それは、本当の意味において、今世において初めて、今まで知らなかった世界を知っていただきたいということです。見ていただきたい。感じていただきたい。霊的世界の本質を、「如来界《にょらいかい》」や「菩薩界《ぼさつかい》」

といわれているものの姿を、肉の身でもって、生きておりながら知っていただきたい。見ていただきたい。私はそう感じます。

人から聞いたのではなく、自ら知っていただきたい。それは「心の窓を開く」ということと非常に関係があるだろうと思います。「霊道《れいどう》を開く」と言ってもよい。そうした段階が次に来るのであります。

まだ、私は、「幸福の科学」の基礎《きそ》固めをしているために、積極的に、「心の窓を開く」という指導はしておりませんが、これは、時節到来《とうらい》せば、そうした体験をする人は数多く出るでしょう。

そして、それが、単に、自らの内部意識である守護霊《しゅごれい》を知るということではなく、その奥《おく》にある無限の宝庫の部分を知る人が数多く出てくることを、私は予言いたします。そうした方がこれから数多く出てきます。心の窓を開き、本当の意味での光の天使たちの姿を知る人、その光の王国の姿を知る人が、今後、数多く出てくることを予言いたします。ここまで思い至って初めて、行動に力が出ます。光が出ます。

意欲が出ます。真実味が出てきます。

一九八八年の五月の群馬《ぐんま》県での研修会でも「心の開拓《かいたく》」という講義のなかでお話しいたしましたが（『神理文明の流転《るてん》』参照）、今世、私たちが生まれ、生きているということは、もともと天国にいた人が単に天国に還るというような、そうした作業をするために出てきているのではないということなのです。今世を縁《えん》として数多くの光の天使たちをつくっていくことが、私たちの仕事なのです。

『神理文明の流転』（幸福の科学出版刊）

世界が闇《やみ》に沈《しず》むとき、必要なものは光です。
必要な人間は光の天使です。
実在界からの供給で間に合わないならば、
今世を縁として、光の天使をつくるまでです。
つくるのです。

この世を縁として、数多くの光の天使たちをつくっていく。
そして、光の天使をつくる前の段階として、
数多くの光の戦士たち、戦う人たちをつくっていく。
これが大事であると考えます。
あの世の人が生まれ変わってきて法を説くまで、
待ってはおれないのです。
現在ただいまにいるみなさんのなかから、
力のある人が出てこなければ、
本当の意味での救世運動は起きないのです。
天上界から偉大《いだい》な霊を送り出してくれるのを
待っていてはいけない。
みなさん自身が、そうならねばならん。

今世において菩薩となれ。
今世において如来となれ。
そこまで行かないでどうするか。
それだけの材料は、すでに与えられているではないか。
みなさんは、すでに与えられている材料、これを学び切り、
実践し切ることができれば、
境地は菩薩、如来に達せるのです。
それだけの学びの材料は与えられているのです。
やるかやらないかは各人です。
みなさんがた一人ひとりです。

菩薩になっていただきたい。
千人程度の菩薩が出て、

いったい何の悪いことがありますか。
あなたがたのなかから傑出《けっしゅつ》した如来が出て、
いったい、どこに間違いがありますか。
世界が光を欲しているのに、なぜ出ない。

菩薩よ出《い》でよ。
如来よ出でよ。
みなさんのなかから、
また、これから出会う人たちのなかから、
出ていただきたい。
過去世《かこぜ》がどうとか、そんなことを気にするな。
過去世は過去世、
今世は今世。

前後を際断し、今世、光となれ。
今世、光となる努力をせよ。
他人《ひと》が何百年も何千年も何万年もかかろうとも、
そんなことは気にしないでいい。
仏法真理の世界においては、
平均的な速度とか、そんなものはないのです。
思ったただいまに変わっていく。
これが本当の姿です。
心の世界においては時間はないと知れ。
心の世界において、
魂の世界において、
時間というものは本当は存在しないということを、
知っていただきたいのであります。

思った瞬間に変わってくる。
これが本当の姿であります。
禅宗《ぜんしゅう》が求めている最終の姿は、実はここにあるのです。

「現在ただいまに、菩薩となれ、如来となれ」と言っているのです。

なぜ、ならぬか。
そこに材料があるではないか。
なぜ頑張《がんば》らぬか。
なぜ行動しないか。
ここに日本があるではないか。
ここに地球があるではないか。
みなさんがたが行動する対象が、
一億人以上も与えられているではないか。

それだけの人たちが、みなさんの活動を待っているではないか。
何をしているか。
何をぼんやりとしているか。
さあ、立て。
こういうことを言っているわけであります。

個人のレベルのユートピアの原理は、「光の天使」をつくる以外にない

どうか、この個人の心のユートピアの原理としての三段階、
これを、しっかりとつかんでいただきたい。
遠慮《えんりょ》なく、如来となり、菩薩となっていただきたい。
また、自分はそこまで来ていないと思うのであれば、
少なくとも、光の戦士として、
とにかく、神の国を打ち立てるために、戦《いくさ》をするんだ、

兵士となるんだという気概《きがい》を持っていただきたい。
そこから、また、光の天使が生まれてきます。
そこまでは、誰《だれ》であろうともなることができます。
ならんでどうする。
何のために霊言集を出しているのか。
何のために高級霊が一堂に会して出てくるのか。
なぜ、イエス・キリストが出てくるのか。
なぜ、モーセが出てくるのか。
これを考えていただきたい。
何千年に一回のことが起きているからではないのですか。
それが、現実に、みなさんの目の前で起きているのです。
なぜ、イエスが本を出さねばならんのですか。
イエスは、みなさんに何を期待しているのですか。

考えてみていただきたい。

何ゆえに、ノストラダムスが、

「これから、二十世紀以降の、二十一世紀以降の時代をつくれ」と言うのですか。

それを聴いているのは誰ですか。

みなさんではないのですか。

みなさんがそうならなければ、誰がするのですか。

後《のち》の世の人ですか。

過去の人ですか。

外国の人ですか。

いったい誰ですか。

考えてみてください。

ユートピアの原理、これは個人のレベルで考えるならば、

光の天使をつくる以外にないのです。

光の天使となっていく以外にない。
そうした天使たちをつくることによって、
この地上が仏国土《ぶっこくど》になっていく。
その力が強くなっていくのであります。
この考えを、決して忘れないでいただきたいと思います。

4　社会のユートピアの原理を打ち立てる

心の法則を実践《じっせん》し、社会を変える実証をしなくてはならない

以上が「心のユートピアの原理」でありますが、この次には、「社会のユートピアの原理」というものが、打ち立てられなければなりません。

「社会のユートピアの原理」とは何か。これは、私たちが説いているこの「仏法《ぶっぽう》真理《しんり》」「正法《しょうほう》」「神法《しんぽう》」、この神の与《あた》えられた「文証《もんしょう》」を、これを「理証《りしょう》」として、「現証《げんしょう》」として、この三次元世界のなかに解き放つということではないでしょうか。

私たちが語っていること、書いていること、みなさんに伝えていることが真実であるということ、これは誰《だれ》が実証するのでしょうか。その実証であります。心の法則を実践したら、実際に社会が変わるか変わらないか。われわれは、この実証をし

なくてはならないのです。

例えば、真理価値を含《ふく》んだ経済原理を打ち立てると言うが、「それを実践したら、社会がどうなるか」ということを示してみせるのは、いったい誰ですか。

みなさんがた自身ではないのですか。

みなさんの会社のなかで、あるいは、みなさんの属する社会のなかで、それを実践しないでどうする。

やらないでどうしますか。

この仏法真理というものを、三次元にどのように展開していくか。そして、次はいかにして、それを理証として、「筋道《すじみち》立った考え方」として、「原因結果の法則」として、「こうすれば、こうなっていく」という整合性を明らかにし、科学的に説明していけるかということです。この「神の考え」に沿った行動をすれば、本当に社会が変革されていくということ、地上が仏国土《ぶっこくど》になっていくということの証明をやらねばならないということです。

「目に見えないものに本当に価値がある」ことを実証せよ

この証明を、この三次元の世界のなかで、
自《みずか》らの目で確認しなければ、「本当にやった」とは言えない。
主観に酔《よ》ってはいかん。
感覚に酔ってはいかん。
自己陶酔《とうすい》に陥《おちい》ってはいかん。
それを現実に確認せよ。
現実に起きるということを、
社会変革が起きるということを、
世の中が変わるということを、
世の人々の心が変わるということを、
現実に実感せよ。

認識せよ。
確認せよ。
実証せよ。
ここまでせねばならんということであります。

さらには、
個人の内部に起きたその内的変革が、
他の人々の心を、本当の意味で大きな愛の波となって押《お》し流し、
変革していく力とならなければ嘘《うそ》であります。
この世の中で本当に価値のあるものは、
目に見えないものであるということを、私たちは実証せねばなりません。
本当に価値のあるものは、
神であるとか、

愛であるとか、
慈悲《じひ》であるとか、
勇気であるとか、
信ずることであるとか、
こうした目に見えないものが、
本当に意味のある、本当に意義のあるものなのです。
こうした目に見えぬものこそが、
本当の価値を含んでおり、
そうした世界のなかで、
そうした愛の大河《たいが》のなかで、
私たちが生きているということを、
これを人々に実感させねばならない。
知らしめねばならない。

そこまでやらねば、本当の「ユートピアの原理」とはならない。

みなさん、目に見えるものだけを信ずる社会のなかで、

「目に見えないものに、どれだけ値打ちがあるか」ということを、

知らしめるだけの運動を、行動を、

どうか起こしていこうではありませんか。

共に頑張《がんば》っていきましょう。

第3章

救世の原理

一九八八年 第三回講演会

一九八八年七月三十一日　説法《せっぽう》

東京都・江戸川《えどがわ》区総合文化センターにて

1 創意工夫《そういくふう》し、発見・発明せよ

日々の発見の積み重ねが、魂《たましい》の厚みとなっていく

本題に入る前に、まず「人間性の解放」について少し述べてみたいと思います。私は今、真理を学ぶために本書を読んでいるみなさんに、ぜひとも学んでおいてほしいと思うことがあります。

それは何かというと、結局、「『みなさんが、今後、どういう生き方をしていくか、また、真理の縁《えん》に触《ふ》れていかに変わっていくか』ということは、実はみなさん一人ひとりの日々の発見にかかっている」ということなのです。

発見ということは、語ることは非常に簡単ですが、そうした視点を持って日々を送っている人は非常に少ないのです。「どうすれば、自分は一歩でも真理の核心《かくしん》に

近づいていけるか、また、神の心に近づく生き方ができるか」ということは、やはり日々の工夫《くふう》であり、発見でもあるのです。

この発見の積み重ねが、結局、その人の魂《たましい》の厚みとなってくるのです。ぼんやりと毎日を過ごしている人にとっては、人生というのは非常に単純に流れていくわけですが、日々に発見を重ねている人にとっては、こんなにエキサイティングなことはないのです。一日のなかで何かを発見し、それを自分の課題として考えることができた人は、それだけで、「今日一日を生きた」と言えるわけです。

月に五冊も本を出せるのは、速度を上げる工夫をしているからでもある

これは、みなさんだけにお願いしていることではなく、私自身も、日々に発見・発明の努力をしているのです。

例えば、書物の出る速度を見ても、「なぜこれだけの速さで出るのだろうか」と不思議に思う人は多いだろうと思いますが、やはり、そのつど、そのつど、工夫を

しているのです。

今月（一九八八年七月当時）発刊された本は五冊ですが、なぜ一カ月に五冊の本が出るのでしょうか。原稿《げんこう》用紙に向かって書けるかといえば、書けるはずがないのです。口述筆記をしている作家もけっこういますが、そうした方でも、せいぜい月一冊ぐらいが限度ではないかと思います。

どこが違《ちが》うのかというと、私は本一冊をつくるとき、章立てと小見出しを全部書いた上で、その小見出しに沿って話をしていくのです。したがって、それを書き起こした原稿は、もう完全原稿になっているのです。それゆえに、この速さでできるのです。

普通《ふつう》であれば、話したものに手を入れ、そして、段落分けをしたり削《けず》ったりして、いろいろな本をつくるわけですが、私は最初から、全体の本の構想をカチッとつくり、それに沿って話をしているのです。それゆえに、この速度でできるわけなのです。

これなども、決して霊指《れい》導だけでできるわけではなく、地上にいる人間の工夫なのです。それだけの工夫をすれば、そのようになってくるのです。

各人が創意工夫してこそ、本当の意味で救世運動ができる

このように、「救世の原理」という話に関しても、結局、みなさんが救世運動を起こすという場合に何が問題になるかというと、「単にスローガンの下《もと》に動き回ることだけが大事なことではない」ということなのです。

今、真理の世界のなかにおいても、ある意味でのビジネス論理は働いてきつつあるのです。ビジネスの世界では、質と量の拡大が求められ続けています。この「質と量の拡大欲求」と「個人の能力」との相剋《そうこく》が、ビジネス界でのジレンマとなっているはずです。ところが、こうした技術革新は、宗教の世界、あるいは真理の世界には、まだ十分に生きていないのです。

こうしてみると、みなさんが、こうした真理を学び、それを伝えていく段階にお

いても、何らかの工夫、あるいは発見ということが必要なのではないかと思うのです。

「いろいろな団体がやっているような旧態依然《きゅうたいいぜん》とした伝道の方法で、はたして本当の意味で救世運動ができるかどうか」ということを考えてみたとき、それでは工夫が足りないのではないのか、あるいは発見が足りないのではないのか。私はそのように感じるのであります。

「どこを切っても同じ面が出てくるような、金太郎飴《きんたろうあめ》のような伝道だけをやっていればよい」というわけではないと思うのです。

みなさんは、それぞれ持ち場が違います。立場が違います。仕事が違います。持っている時間数が違います。そうしたなかにおいて、いったいどのようにやっていかねばならないのでしょうか。

また、真理が真理であるということは、それ自体が伝播《でんぱ》していく、広がっていくということを、その内容に持っているわけです。こうした、真理が真理であるということ自体に基《もと》づく拡大欲求を、自分の立場でどのように発揮していくか、発表していくか。これは非常に難しいことです。

ただ、私は、伝道の方法というのは、工夫をすれば、百種類でも二百種類でもあるのではないかと思うのです。例えば、職業別でやり方が違うでしょう。男女別で違うでしょう。あるいは、地域によっても違うでしょう。それぞれの発明・発見がありうるのではないかと思うのです。

例えば、都心に勤めるサラリーマンであれば、「サラリーマンたちの会合において、真理をどのように学び、どのように広げていくか」ということについて、彼らなりの考え方が出てくるはずです。

また、主婦であるならば、「どのようにしていけば、本当に真理伝道の力になっていけるのか」ということがあるでしょう。霊言集《れいげんしゅう》等を見れば分かるように、女性の戦力は非常に期待されているのです。重要な戦力として期待されているのです。ですから、「女性にしかできないような方法が何かあるのではないか」という考えもあります。

また、地区あるいは地域に住んでいる人、地方に住んでいる人、それぞれに独自のやり方があるのではないでしょうか。

このように、それぞれの人の立場、職業、地域性に応じた発明と発見を繰《く》り返していけば、今まで誰《だれ》も気がついたことがないような方法がたくさん出てくるのではないでしょうか。私はそう思うのであります。

自分自身の「心のマネジメント方法」を確立する工夫をせよ

では、そうした方法は、どうすれば出てくるのでしょうか。そうした創意工夫はいったいどこに現れてくるのでしょうか。これについて話をしてみたいと思います。

私は、二つの面からの検討が必要であると思うのであります。

その二つとは何かというと、まず第一は、「自分自身の心の管理方法、マネジメント方法の確立」であります。私たちが、正しき心の探究ということで教えていることも、分かりやすく言うならば、結局、「一人ひとり、自分の心を統御《とうぎょ》しなさい、コントロールしなさい、マネジメントしなさい」ということなのです。「それができるようになったとき、そこに豊かな人生が開けますよ」ということを教えているわけです。

しかしながら、私が説いているこの話は、総合的な話であり、一般《いっぱん》的な話ではありますので、一人ひとりの個人の持ち場、立場に合わせた話とはなっていないわけであります。この一般的な話をどのように自分自身の問題として持ち込《こ》み、適用していくか。ここに、各人の工夫がどうしても必要なのであります。

公表している人生相談もののなかには、自分の問題と似たようなケースもあるでしょうが、そっくりそのまま自分に当たるようなものではないでしょう。そうした、ヒントとして与《あた》えられたものを使って、どのように自分自身の心のコントロールをしていくか、マネジメントをしていくか。これはたいへん面白《おもしろ》い勉強でもあるのです。

勉強というのは、決してセミナーのときだけするものではなく、「個人個人の課題にいかに適用していくか」ということでもあり、これが非常に面白い問題となってくるのです。そして、自分の問題として取り上げ、自分の悩《なや》みや不幸感覚を克服《こくふく》したときに初めて、みなさんの学んだことが説得力を持つようになってくるのです。こうして、人々に話ができるような段階に至ります。

自分が得た真理の「学び」や「体験」を、どう他人《たにん》に適用するか

しかし、この段階で次なる問題があります。自分自身がそうした「心のマネジメント」に成功して幸福感が広がったとしても、話をする相手は違った立場にある人であるわけです。つまり、「違った立場にある人に、自分が学び、得た体験論をそのまま押《お》しつけて通用するかどうか」ということが、次なる難しい課題になるのです。

宗教団体によくある問題は、たいていこの部分にあります。「自分が体験し、得

たことを最高と思い、錦《にしき》の御旗《みはた》のごとく、あるいは通行手形か何かのように、『これさえ言えば、いける』と思って人に話をし、そして、挫折《ざせつ》をする、あるいは嫌《きら》われる」というのが、パターンとなってきているのです。

したがって、次なる関門をどうにかして通過しなければいけないのであります。通過するためにはどうするかということですが、まず最初の段階として、「人が見える」ということが非常に大事なのです。「他の人が見える」ということです。「その人の考えていることが見える。あるいはその人の経歴や経験が見える。その人は何を求めているかが見える」ということです。

結局、自分自身の学びとしては、自分の環境《かんきょう》に合わせた学びしかなかったわけでありますが、この「他人《たにん》への適用」という段階に至ると、〝自分一個〟の人生ではなく、〝他の人の人生〟をも幸せにするような工夫というものができるようになってくるわけです。

その結果はいったいどうなるかというと、もちろん、他の人たちも幸福になりますが、他の人たちが幸福になる以上に、みなさんは幸福になれるのです。

なぜかというと、小説を読むことによって自分が体験していないような体験を得ることができるのとちょうど同じように、「自分が体験していないような体験をしている人に真理を適用した場合、どのような工夫がありうるか、発明・発見がありうるか」ということを考えることによって、一つの自分としての糧《かて》ができてくるからです。あるいは、教訓ができてくるからです。

そうすると、例えば、まったく自分とタイプの違った一人の人を、そうした工夫によって導きえたならば、結局、あなたは、あるいはその人は、二人分の人生を生きたのと同じことになります。

2　人生の効率化・濃密化《のうみつ》をし、最大限の収穫を得る

「どれだけ多くの魂《たましい》の糧《かて》をつかむか」が人生の勝利につながる

人は、それぞれ、この世に生まれてくるときに、魂《たましい》の修行《しゅぎょう》にとって最適の環境《かんきょう》を選んできます。それは最適の環境ではありますが、しかしながら、すべての経験ができる環境ではありえないのであります。

一生のうち、いくら職業を変転しても、たかだか二十、三十種類にしかすぎません。また、一生のうちに男性・女性を経験するわけにもいきません。それ以外の病気、貧困《ひんこん》、失業等々にしても同じです。病気でも、何百種類もの病気を経験するところまでは行かないのです。失業のパターンであっても、いろいろな事業のなかでの失業があるわけであり、それぞれ、そこで学べるものは違《ちが》います。

こうしてみると、どのような複雑な環境を選んで生まれてきたとしても、その人が得られる教訓には一定の限度があることが分かるのです。

そして、私たちが地上に生まれ変わってくる確率、回数は、平均的な人であれば、約三百年に一回ぐらいです。もう少し霊的《れいてき》に高くなってきて、菩薩《ぼさつ》といわれる魂になってくると、八百年から千年に一回ぐらいになってきます。如来《にょらい》という魂になると、千数百年から二千年ぐらいの周期になってきます。そのように、地上に出てくるというのは珍《めずら》しいことなのです。

「その一回の人生において、どれだけ多くのものをつかんで還《かえ》るか」ということが、結局、「その人の人生が勝利したかどうか」ということにかかわるわけです。

こうしたことを考えてみると、「人生の効率化、あるいは濃密化《のうみつか》」ということを考えざるをえないのであります。

真理を他の人に翻訳《ほんやく》して伝えるなかに、無限の進化の道が開ける

私たちは、単に自分自身に与《あた》えられた問題集を解くのみならず、できうるならば、他人《たにん》の問題集をも解いてみよう。そして、いろいろな応用力をつけてみよう。勉強してみよう。さすれば、これが、「偉大《いだい》なる智慧《ちえ》」「パーニャ・パラミタ（般若波羅《はんにゃはら》蜜多《みた》）」として、「自分たちの魂の糧《かて》」として遺《のこ》っていくのではないでしょうか。そう思われるわけです。

この意味において、みなさんは本当の意味で利己主義者にならねばならないと私は思うのです。この利己主義者というのは、決して、「他の人を押《お》さえつけてでも」ということではなく、「この一回の数十年、あるいは百年余りの人生であるならば、これを最大限に生かし、最大限の収穫《しゅうかく》を得よう」ということなのです。

「これが本当の意味の利己主義である」と言っているのは、例えば、一反《いったん》の畑なら畑があるとして、田んぼなら田んぼがあるとして、「そこから最大限の収穫を得

る」ということと同じだからです。これは決して神の意に反していることではないのです。

このように、次なる適用の段階、応用の段階として、「他の人へどのように真理を翻訳《ほんやく》し、伝えていくか。また、その人の人生において起死回生《きしかいせい》の言葉となるような言葉を発することができるか」ということがあるのです。こうした努力は無限の可能性を含《ふく》んでいるのであり、ここに、みなさんの魂の無限の進化の道が開けているわけであります。

それゆえに、真理の学習には天井《てんじょう》がないのであります。学習は、知識の段階で止まっているときには天井がありえますが、それが応用段階、適用段階に変わっていくときには天井がなくなっていくのであります。無限の姿となって変転していくこととなります。

法とは、本来そうしたものなのです。固定化したものがあるのではなく、自由自在、融通無碍《ゆうずうむげ》、変転して極《きわ》まりないものなのです。

水のごとく流れ、流れ、大河《たいが》となり、蒸発し、そしてまた雲となり、雨となり、川となるように、法もまた変転し、変転して、その姿を変えつつ、いろいろな人々の心を潤《うるお》していくのです。

この法の自由自在なさま、融通無碍なさまを、「諸法無我《しょほうむが》」というのです。法というものは、特定の個性あるかたちがあるものではありません。そのように現れることもありますが、実は、それが変転し、変転し、いろいろなかたちを取って、多くの人々の心を潤していくものなのです。そういうことを言っているのです。

3　地球も惑星《わくせい》も、魂《たましい》の収穫量《しゅうかくりょう》を増やす「学習の場」

それぞれの星の環境《かんきょう》に応じた文化や生活が展開している

「法というものが本当に変転し、いろいろなかたちを取って人々を導いている」という姿を知るための一つのサンプルとして私が挙げられるものは、他の惑星《わくせい》に住んでいる人たちの生活です。

それは、『イエス・キリスト霊示集《れいじしゅう》』にも出ていましたし、『新・モーゼ霊訓集《れいくんしゅう》』でも触《ふ》れられていました。また、他の霊言集等でも触れられていたと思いますが、私たちは、地球という星だけに住んでいる「地球人」という〝単一民族〟ではないのです。この大宇宙には、さまざまな生命が現に生きているのです。

そして、彼らのうちには、私たちより進んだ文化を持っている者もいれば、私た

●『イエス・キリスト霊示集』　現在は『大川隆法霊言全集 第5巻』『同 第23巻』（共に宗教法人幸福の科学刊）に収録。

●『新・モーゼ霊訓集』　現在は『大川隆法霊言全集 第24巻』『同 第25巻』（共に宗教法人幸福の科学刊）に収録。

ちよりまだ後《おく》れている文化を持っている者もいます。星それぞれの環境《かんきょう》に応じた文化、魂《たましい》に応じた文化というものが展開しているのであります。

『谷口雅春《たにぐちまさはる》の大復活』のなかでも、「時間論」ということで触れられていると思いますが、谷口雅春氏は、実在界に還《かえ》り、時間というものの不思議さに気づいたようであります。「久遠《くおん》の今」という生前の思想がさらに発展したかたちになっていると思います。

そこでは、「私たち地球に生きている者にとっては、一年が太陽の周りを公転する三百六十五日という日数で成り立っていて、一日は地球が自転する二十四時間で成り立っているけれども、これが、違《ちが》った惑星に行くとどうなるか」ということを、谷口雅春氏は話しているはずであります。

例えば、太陽の周りを五十日で公転する惑星があったとしたならば、どうでしょうか。春夏秋冬《しゅんかしゅうとう》があったとして、五十日で一年が完結するわけであります。そうすると、一つの季節は十日ぐらいしかないわけです。夏は十日ぐらい、夏と秋との間が二日か三日あって秋となり、すぐ葉っぱが散り、雪が降り、十日たてば春が来る。こうした一年です。

こうしたところに住んでいると、人間はいったいどうなるかというと、まず周期が非常に早くなります。高速度の生活になります。

生活速度の異なる星における魂修行《しゅぎょう》

では、こうしたところで生活している人は、どのような魂なのでしょうか。これを考えてみたいと思います。

私たち地球に住んでいる人間であっても、非常に忙《いそが》しく立ち働いている人と、毎日を非常にゆっくりとした速度で生きている人との二種類の人がいます。

そして、地球での魂学習において、例えば、非常に忙しい仕事もこなし、そうとうの量の仕事をし、いろいろな経験を一生積んで、学ぶことが非常に少なくなった魂であると、次はどこへ行くかというと、時間の周期が非常に早い惑星に行く可能性が高いのであります。

地球で仕事が非常に速い人のなかにも、仕事の能力に五倍、十倍の差があるかもしれませんが、そうした人であっても、一年が五十日しかない星に行くとどうなるかというと、ものすごくスローテンポになるのです。生活のリズムおよび仕事の速度がスローモーションのようになってきます。他の人たちはもっと速い仕事をやり、もっと思考速度が速いのです。

そこへ行きます。そして、「これではならじ」ということで、次なる魂の修行《しゅぎょう》が始まっていくのです。そこでは、また新入生として扱《あつか》われます。

また、逆の人もいます。みなさんのなかには、老荘《ろうそう》思想の系統を引いている人もいるでしょう。日曜日だけは講演会に来るが、あとは家でじっくり瞑想《めいそう》しているような人もいると思います。こうした人は、「これ以上のんびりとした人生は送れない」と思っているかもしれないけれども、一年が千日もあるような星へ行くと、どうなるでしょうか。もっとゆっくりとした〝ナマケモノ人《じん》〟のような人がいるところがあるのです。

そうすると、食事をするのでも、のんびりです。まず割り箸《ばし》を持ち上げるまでに五分かかり、そして、割り箸を割ろうとして、「もう少し磨《みが》いてから割ろうか」と思ったり、「やはり、これは包丁《ほうちょう》で割ったほうがよいのではないか」と思って包丁を入れてみたり、そういうことをしながらゆっくりと割って、箸を持つまでに十分かかるような星もあるかもしれません。

こういうところへ来ると、「自分はゆったりした人生を生きていたと思ったが、なんと〝せかせかした人生〟を生きていたのか。瞑想と言いつつ、『瞑想、瞑想』という縛《しば》りの念があった。瞑想の『瞑』の字も浮《う》かばないぐらいゆったりした人生を生きなければ、本当に魂の修行ができたとは言えない。まだ自分は自然状態にいっていない」というように思う人もいるのです。

このように、本当は生活速度の違った星が数多くあり、それぞれの魂に合った修行が展開されています。

魂のさらなる成長のために、惑星を超《こ》えて転生《てんしょう》をする

また、ある星に行くと、男女比率が非常に崩《くず》れています。こうした話もやがて宇宙論で説いてみたいと思います。情報はそうとう持っています。

例えば、女性の比率が一割しかないような星があるのです。男性の比率が九割です。こういう星では、どういう生活をしているかというと、いわゆる女王蜂《ばち》の世界に非常に近いのです。女性は、もちろん子孫《しそん》を産む能力が非常に高く、何十人も産めます。一回の出産で、五人、六人と産めるような星ですが、そうしたところではどうしているかというと、太陽信仰《しんこう》のようなかたちで、女性は非常に君臨しているわけです。

こうした人が、あまりに君臨しすぎて鼻がものすごく高くなったときに、地球のようなところに送り込《こ》んでこられるのです。「女性はアダムの肋骨《ろっこつ》からつくられた」と言われるような星に送られて、また魂の修行をさせられるのです。

このように、ある特定の環境を選んで魂修行をしていても、長年そこに居すぎると、魂に一定のデコボコというか、傾向性《けいこう》ができてくるのです。傾向性ができてきて、その方向性では、もうそれ以上、魂が伸《の》びなくなってくる時期が来るのです。

もちろん、時代が変われば、少しは成長することはあるけれども、「魂の収穫《しゅうかく》の限界効用」が非常に下がってくるのです。経済学的に言えば、そういうことです。一回の転生輪廻《てんしょうりんね》で得られる糧《かて》が非常に少なくなってくるのです。そうなると、全然違った環境か、あるいは、その人の魂傾向においてもっと極端《きょくたん》な環境か、どちらかを選んで、人の魂というのは転生していくようになっていくのであります。

地球には、いろいろな星の人たちが集《つど》い、魂の学習を進めている

地球というものも、「その成り立ちは今から約四十六億年前にできた」ということは、みなさんも本のなかで読んでいると思います。これは、太陽の一部が飛び出してできた星であります。約四十六億年前に、太陽の一部が飛び出し、外の軌道《きどう》に

出てきて回っているうちに、だんだん冷えてきて、生命が住めるようになってきた星であります。

その太陽を創るときにも、もちろん、太陽から地球を創るときにも、「ここに違った環境の生活場を創ろう」という計画がありました。

そして、今からおよそ三億六千五百万年前になりますが、マゼラン星雲のゼータ星から人間に似た生物たちを招来したわけであります。その星と地球では陸と海の割合が違うとか、環境が多少違うということは、ある霊人《れいじん》も述べていたと思います。

そして、その星から出てきた人たちは、どういう魂の傾向があったかというと、科学という面においてかなりの進歩をしていたのです。

今は、例えば、講演会を開く場合には、準備をするのにも非常に面倒《めんどう》であるし、私も会場まで行かなければいけないわけですが、もっと科学が進歩すればどうなるかというと、突《つ》き詰《つ》めて言えば、私がゴロ寝《ね》をしていながら、全国のみなさんに講演をお聴《き》かせできるところまで行くでしょう。おそらくそういうところまで行くでしょう。

自宅にいて、全国各地の人に講演をお聴かせするようなことまでできるようになるでしょうし、もっと技術が発達するとどうなるかというと、頭の部分に機械をセットしておくと、私が頭で思った瞬間《しゅんかん》に、脳波が出ただけで、その思想がみなさんに届くようなところまで進歩するかもしれません。こういうことも、おそらくありうるでしょう。

そうしたときにどうなるかというと、「魂としての収穫量」がやはり減ってくるのです。人間はどこまでも向上を目指しているのですが、収穫量が減ってくる時点が来るわけです。そこで、その科学の星から、「また新たな環境から出発したい」という魂たちが分かれてきて、そして、地球という星で何もないところからもう一度始めてみたのです。こういう出発点があります。

また、それ以外にも、時代を分けて何億年かごとに、いろいろな星から来ました。そして、いろいろな人たちが、「地球人」という新たなものを始めるようになって

きたわけであります。こうして、地球という環境が、新たな魂の学習の場となって
きたわけであります。

4 霊的《れいてき》エネルギーから見た魂《たましい》の分化

魂のエネルギー量が大きくなると、分霊《ぶんれい》ができるようになる

また、人間というものを見たときに、異星から移ってきたものだけではなく、「地球出身の魂《たましい》」というもののもあるのです。

みなさんは、本体《ほんたい》・分身《ぶんしん》の理論ですでに学んでいると思いますが、現在、生きている人のおそらく、七、八割ぐらいは、地球でできた魂であることが多いのです。

それは、どのように創ったかというと、モデルとなる人霊《じんれい》があるわけです。このモデルとなる人霊に、例えば、地球を司《つかさど》っている十次元の太陽神霊《しんれい》、大日《だいにち》意識から受けてきたエネルギーを当てていき、その人のエネルギー量を非常に増やすのです。

例えば、一九八七年の第一回講演会「幸福の原理」での自分のビデオを観《み》てみると、痩《や》せていました。顔がもう少しとんがっていました。「ああいう時期もあったか」と思って観ていたのですが、一年たつとどうでしょうか。安心してきたのか、顔がふっくらしてきたのです。これがもう少しふっくらしてくるとどうなるかというと、「二人分ぐらいの体重になってくるから、二人に分かれたい」という気持ちが出てくるかもしれません。三人分ぐらいになり、さらに小錦《こにしき》のようになったら、「四人分ぐらいに分かれてみたい」という気持ちになるかもしれません。

このように、魂の世界では、エネルギー量が非常に大きくなってくると、人間としての一人の個性のなかに収まるのが難しくなってくるのです。非常に高度なエネルギー量を持つと、それが難しくなってくるのです。そして、分霊《ぶんれい》というのができるようになってくるのです。

さまざまな分霊のパターンと分霊する理由

この分霊の方式のいちばん基本的なパターンは、六次元にあるパターンです。六次元光明界《こうみょうかい》にいる、かなり霊格《れいかく》的に高い人たちをモデルとして、「本体一・分身五」の分霊、つまり人霊の六倍ですが、そうした六倍増を果たしたのが基本パターンであります。

これより上位の霊格を持つ者になってくると、もう少し分かれ方が自由自在になってきます。カントなどの言う「一即多《いっそくた》、多即一《たそくいつ》」の世界に入ってくるわけです。

また、「孔子《こうし》の霊言《れいげん》」を読みましても、「私は一万人にでも一億人にでも分かれられる」というように言っていますが、エネルギー量として見たとき、個人の肉体のなかに宿るエネルギー量としては、その程度できるということです。このように分かれてくるわけです。

日本の『古事記《こじき》』『日本書紀《にほんしょき》』のなかには、さまざまな神産《かみう》みの伝説があります。

例えば、「川のなかで、ある神様が耳を洗っていると、耳から別の神様が生まれた。目を洗えば目から出てきた。口を洗えば口から出てきた」というように、男性も女性も子供を産むことになっています。非常に不思議ですが、神様が生まれてくるのです。これは、実は、「エネルギーが分化してきて、魂が分かれてきた」ということを象徴《しょうちょう》的に表しているのです。

このように、地球で修行《しゅぎょう》をしている私たちのなかには、実にいろいろな魂のグループが入っています。

歴史的な光の天使たちは、だいたい、エル・カンターレが創造した本家本元のグループのなかにいた人が多いのですが、こうした「本家本元」と、それから、「後《のち》にまた分かれて来た人たち」、そして、「地球系で増幅して数が出された人たち」というような種類に分かれてくるのであります。

では、「なぜそういうことをするのか。本体・分身のように、人間を五人六人に増やすようなことをするのか」ということですが、考えてみれば、「これは最高の幸福の表現である」ということがお分かりであろうと思うのです。

一人の人間が幸福になっていく。これは素晴《すば》らしいことです。また一人の人間が悟《さと》りを得て偉大《いだい》な人物になっていく。これも素晴らしいことであります。しかし、これが一人ではなく、五人に、十人に、百人に、千人に、一万人になってきたときに、この喜びはいかほどになるでしょうか。おそらく、そうとうな大きさのものになっていくでしょう。幸福感というものは、やはり自分一人で味わっているよりは、多くの人と味わったほうが非常に大きな幸福感を持つことができるようになってきます。

したがって、「神の心は、実はこのあたりにあるのだ」ということなのです。

霊的エネルギーの観点から見た「神の完全無欠性」

『谷口雅春《たにぐちまさはる》の大復活』のなかにも書いてありますが、「神というものを考えるとき、どうしても『完成』と『発展』という二つの矛盾《むじゅん》する言葉を統一的に解釈《かいしゃく》せざるをえない」というのです。「もし、神が完全無欠であるということを、もう出来上がっているものというように考えたならば、そこに一つの停滞《ていたい》があるのではないか」というように言っています。

芸術作品としての絵を例に挙げるならば、百号のキャンバスいっぱいに描《か》いたとき、完成した絵というのは、もう絵の具を塗る余地がない絵のことを言うでしょう。まだ直してよいなら、完成したとは言えません。「もう筆を入れる余地がない。これとしてはもう出来上がり」というのを完成と言うのでしょう。物体としては、おそらくそうでしょう。

しかしながら、神が創られている世界は、エネルギーの世界であります。エネルギーが、いろいろと姿形《すがたかたち》を変えて、いろいろな現象・事象を展開している世界であるのです。エネルギーの世界として考えたとき、「はたして完成ということはどういうことだろうか」というテーマが出されるのです。

例えば、栃木《とちぎ》県でもどこでもよいのですが、そうした所のダムで東京都民が使えるだけのエネルギー量を出せたら、はたしてそれで完成と言えるだろうか。そう考えたとき、そうではないのではないかと思われるわけです。

ダムという存在は完成しても、エネルギー量という観点から見たときに、エネルギーの変化・発展という観点から見たときに、「東京都民の生活に供せるだけのエネルギー量が発電できたら、それで完成」と言えるかといえば、言えないのです。「やはり無限のエネルギーを供給しえてこそ、完成に近づいていくのではないか」という観点があるわけです。

したがって、魂の世界において、霊的エネルギーの世界において、「神は完成したもの、完全無欠なものである」と言いうるならば、神はまた、無限のエネルギーの供給者であるべきです。そして、「無限のエネルギーの供給者である」ということは、どういうことかというと、「そのエネルギーのほとばしりは、小さな支流たちは、また次なる本流へと変わっていく必要があるのではないか」ということです。

ここまで行かなければ、完全無欠とは言えないのではないか。一つのエネルギーの川として満足しているようでは、完成には遠いのではないか。エネルギーの川として、本流として降り注ぐものが枝分かれしていって、枝分かれしたものがまたもとの本流のごとくなり、その本流がまた枝分かれしていって、またそれがもとの本流のごとくなってくる。このようになっていって初めて、エネルギーの芸術的観点から見て、完成と言えるのではないか、無欠と言えるのではないか。そのように言えるのです。

したがって、私たちはここに、神というものの存在と、その意志というものを推定することができるのです。それは、「限りない多様性と、限りない個性のなかにおいて、限りない調和と進歩を目指している」ということなのです。

神は、一人や二人の人間、あるいは三人や五人の人間が社会をつくり、調和して発展して、それでよしとはされていないのであります。神の心のなかには、数字的な限界というものがないのであります。

無限に増えていくものが、無限に調和しつつ無限に発展していく。ここまで行かなければ、納得《なっとく》していないのであります。そのための方便《ほうべん》として、神は、「時間」というものを創られたわけなのです。

5　神の三大発明

神の第一発明――念《おも》いによる、ものや世界の創造

『平凡《へいぼん》からの出発』（現在は『若き日のエル・カンターレ』〔宗教法人幸福の科学刊〕として刊行）のなかに、「存在と時間」という章があります。これは、この本のなかでは際立《きわだ》った独特の章です。他の部分と切り離《はな》して読める部分ですが、これは一つの哲学《てつがく》であります。おそらく、内容に書いてあることは、ハイデガーの『存在と時間』を超《こ》えていると思います。そうした内容を簡単に書いてあります。

神の発明のなかのいちばん大事なものは何かというと、「念《おも》いによってものを創り、世界を創る」という発明なのです。これが最初のいちばん素晴《すば》らしい発明なのです。

念いによって、ものができる。例えば、人霊《じんれい》ができる。地球ができる。星ができる。川ができる。海ができる。あるいは霊界《れいかい》のいろいろな建物ができる。そのなかの景色ができる。これらはすべて念いで創られたものです。「念いによって、いろいろなものを創ることができる」というのが、最初の発明なのです。

宇宙の叡智《えいち》は、まず最初の発明として、「念いによって世界を創る。物事を創る」ということを可能ならしめたのです。これが最初の意志です。

神の第二発明——時間の創造

第二の意志は何かというと、念いによって創った物事を、「時間」という流れのなかに入れたのです。それが「存在」です。存在が発展していくためには、時間という発明がどうしても必要であったのです。この時間というものも一つの発明なのです。

みなさんは、それに気がつかないかもしれません。しかし、もしみなさんを写真機で撮《と》り、ピタッと貼《は》りつけたようなものが自分の存在であるとしたならば、みなさんは、二次元的存在として、そのなかで座《すわ》っているだけで満足しているかどうかなのです。

存在としては、二次元平面の写真のなかに、みなさんの存在は確かに写るのです。写真を撮れば、写真のなかに、みなさんの姿は確かに写ります。ただ、それを見つめ続けたところでいったい何があるかということです。写真は写真として、そこで静止し、止まっているのです。

さあ、それを見ていて、鑑賞《かんしょう》していて、どうでしょうか。

私が創造主であるとして、「千人の人間を創りたい」と念ったとします。そして、自分の意志によって、男もあり、女もあり、いろいろな服を着ている人が千人できたとします。最初は非常にうれしいでしょう。「これだけの創造ができた」「個性豊かな、これだけの存在を創れた」というのは、うれしいです。

そして、これらの存在を見ています。これは壁面《へきめん》に掛《か》かった絵と同じです。毎日毎日、私はこれを見ていると、やはり何か不満を感じます。退屈《たいくつ》を感じてきます。なぜ不満なのだろうか。なぜ退屈なのだろうか。それは、こうした存在は存在として出てきているが、この存在が動かない、あるいは発展しない、形態を変えないからです。

ここに、退屈ということが起きてくるのです。もっと欲が出てくるわけです。意欲が出てくるわけです。さらなる道があるのではないかと。

したがって、神の第一発明として、「念いによって、世界を創る。存在を創る」ということがあったわけだけれども、神はこれだけでは物足りなくなったのです。そこで、次の段階に「時間」を創ったのです。時間というものは、存在が運動していくための形式なのです。これが時間なのです。存在の運動形式を時間というのです。

「神が念いによって世界を創る」という法則を第一発明とするならば、この第一発明から、「世界の自己展開、存在の自己展開による発展、創造」という工夫《くふう》をされた、この第二発明までの時間差は、私たちの地上時間で言えば、ほんの一瞬《いっしゅん》であります。一瞬でありますが、これが第二発明なのです。時間的に差はあります。

時間というものが発明されたことによって、存在は形態を変えることが許されたのです。これがなければ、宇宙はまったく静止した状態で止まっています。みなさんも静止した状態で止まっているのです。これは、一つの大いなる発明であったのです。

それによって、運動形式が生まれてきました。

存在は、まず念いによって生み出すことができる。念いによって生み出された存在は、発展形式のなかに入り込《こ》むことができる。時間という流れのなかにおいて、その姿を変え、そして、生きていくことができる。自分の姿を変えながら存続していくことができる。こうした第二段階の形式ができました。

神の第三発明――「幸福」あるいは「発展」という方向性の創造

ここまで、まず神は思いつかれたのです。

その次に、いったい何を思いついたか。存在を創り、存在の運動形式を創って、次に何を考えたかというと、これの方向性を考えたのです。

「単に存在が自由自在に変転するだけであるならば、自分の意志として、まことに不本意である。例えば、ここに千人の人を創った。そして、この人たちの運動形式を創った。それによって、咳《せき》をすることもできれば、本を開けることもできれば、ネクタイをいじることもできるようになった。しかしながら、それぞれがバラバラにやっていたのでは、今度はここで見ていて、いまひとつ物足りない。これらの運動形式に何らかの方向性を与《あた》えたい」というように、神は考えたのです。

したがって、第三の発明がここで出てきました。この第三の発明はいったい何であるかというと、「幸福あるいは発展という概念《がいねん》の創造」なのです。この発展と幸福というのは、裏表《うらおもて》になっているわけです。あるいは、「発展」、「繁栄《はんえい》」と言ってもよいでしょう。

「幸福」「発展」「繁栄」というのは非常に近い概念でありますが、運動形式を与えた存在に、次は、「幸福という目的のための発展」という方向性を与えたのです。これが三番目の発明なのです。

この三つの発明によって、実は大宇宙は成り立っているのです。そして、この三つの発明の流れのなかに、みなさんの生命もあるのです。人生もあるのです。そのように考えてよいのです。

6　神の三大発明への感謝

「足ることを知る」という考え方を拡大する

私は、『幸福瞑想法《めいそうほう》』などのなかで、「足ることを知る瞑想」というものをみなさんにお教えしています。「自分が人間であるということは、非常に幸福なことだ、うれしいことだ」ということを言っています。

「例えば、みなさんが犬であったら、どうか。猫《ねこ》であったら、あるいは植物であったら、石ころであったら、どうか。自分の立場をほかのものに置き換《か》えて、現在の自分を見ると、非常に幸福である。セントポーリアは話をすることはできない。犬は散歩するのが幸福である。猫は木登りをするのが幸福である。いろいろとあるかもしれないが、彼らの幸福の内容には限りがある。そこで、足ることを知るということが非常に大事である」ということを言っていますが、この「足ることを知る」という考え方をもう一段拡大してみたいと思うのです。

「念《おも》いによる、ものや世界の創造」への感謝

そうしてみると、この神の三大発明のなかにおける自分というものを考えていただきたいのです。まず、「自分という存在が宇宙空間のなかに出てきた」ということは、いかほどありがたいかということです。

現に私たちがこうして存在できるのは、存在を許容《きょよう》している念があるからです。「かくあれかし」という念があるのです。許容されているのです。

もし、宇宙の造物主のような方が、私たちを消し去ろうと思うならば、一瞬《いっしゅん》で消し去れるぐらいの力があるはずです。私たちというよりも、地球を丸ごと消すぐらい簡単であろうと思います。出したり消したりするのは簡単だと思います。そのくらいで出たり消えたりするような存在であります。

そういう存在である私たちが、このように毎日を生きていられるわけですから、この第一法則、第一発明に対する感謝が大事です。自分が存在を許されているということ。神の念《おも》いによって、意志によって、存在を許されているということ。これは非常な驚《おどろ》きであり、喜びです。

また、みなさんは動物だけが魂《たましい》を持っているとお考えかもしれませんが、霊的な目で見ると、植物もみな、かわいらしい魂を持っています。それぞれの花が、それぞれの花の色と柄《がら》をつけていくのは、それだけの魂がなかにあるからなのです。同じような姿をした魂が入っています。

そして、みなさんは、魂があるのは動物・植物で終わっていると思うかもしれませんが、さらに鉱物たちにも魂は宿っているのです。その魂の進化速度は、私たちの一年が彼らの百万年ぐらいに相当するかもしれません。あるいは一億年ぐらいに相当するかもしれません。

例えば、「石炭にものすごい圧力を加えると、ダイヤモンドになる」と言われています。地下何千メートル、何万メートル以上の所で、ものすごい圧力によってダイヤモンドはつくられ、それが地殻《ちかく》変化や火山の噴火《ふんか》によって地表に出てきて、人々の指輪となったりアクセサリーとなったりするまでの間に、いったいどれだけの年月があったかは知りませんが、彼らは彼らなりの人生を生きているのです。

その人生の長さは非常に巨大《きょだい》な長さです。私たちには分からないぐらいの長さですが、「炭素の塊《かたまり》がダイヤモンドになる」というのは、一つの誕生であるのです。ダイヤモンドとして誕生するのです。そうした結晶《けっしょう》ができるというのは、人間が生まれるのと同じことなのです。

人間の十月十日《とつきとおか》という速度は、ダイヤモンドにとってはものすごい速度になるでしょうが、現実に生まれているのです。ダイヤモンドという生命、理念というのは現にあって、それが生まれるまでの過程があるのです。これは「出産」と同じなのです。

〝出産〟したダイヤモンドの結晶は、さらに大きくなっていきます。これが「成長」です。人間の成長と同じなのです。これが地表に出てきて、いろいろなところで使われるようになっていきます。これが社会に出るのと同じことなのです。

彼らも歴史を持っており、そして、そうした鉱物の結晶をつくっていくために、私たちとは違《ちが》うけれども、それなりの魂があるのです。非常に静的な魂です。動きのない魂ですが、ダイヤモンドがダイヤモンドの塊をつくり、ルビーがルビーの塊をつくり、サファイアがサファイアの塊をつくり、水晶が水晶の塊をつくるのは、偶然《ぐうぜん》には絶対にできないことなのです。その結晶をつくる力があるのです。そうした原子や分子を引き寄せている力が現にあるのです。そうした生命があるのです。こうした動物・植物以前の生命というものもあるのです。こうした生命も実は創られているのです。

このように、「まず念いによって存在が創られている」ということの大切さを、私たちは知りたいと思います。そして、「それは、偶然なるものではなく、すべて、『かくあれ』あるいは『かくあることを許す。その存在を許容する』という念いがあって初めて、在《あ》る」ということを知らねばなりません。

「時間の創造」への感謝

次に感謝をせねばならないことは、第二の発明である「時間の創造」であります。私たちは、時間というものが創造されて初めて、人生を生きることができるようになったのであります。もしそれがなければ、まったく静止した状態でマネキンと同じであります。何らの幸福もないのであります。この時間があるということを考えねばいけません。この幸福感を味わわねばならないのです。

なぜ人間に、数十年、あるいは百年余りの人生があるのか。それはよく分かりません。しかしながら、それが、人間の魂にとって、おそらくいちばんよい発展の形式として与《あた》えられているのだと思います。

以前にも話をしたことがありますが、何ゆえに犬の寿命《じゅみょう》は十年ぐらいしかないのでしょうか。あるいは、せいぜい十五年ぐらいしかないのでしょうか。犬や猫は、早ければ二年や三年ぐらいで死んでしまうこともあります。蟬《せみ》は、地中に何年かいて、外へ出てからは一週間といわれています。

それぞれ寿命というものがあります。生物相応に寿命があるのです。おそらくこれを決めた人もいるのですが、それぞれ魂の修行《しゅぎょう》として寿命が与えられているのです。この意味を考えてみなければならないと思うわけであります。

昔、童話《どうわ》か何かで読んだことがあるのですが、決して死なない人の話というのがあります。その話は、「不老長寿《ふろうちょうじゅ》を得たいと思って、魔法《まほう》あるいは薬によって、不老長寿を果たすことができた人がいた。その人は、百歳《さい》ぐらいまでは非常にうれしかった。しかし、だんだん自分の知り合いが死んでいく。次から次へと死んでいく。そして、五百年たっても千年たっても、自分は若者の姿、あるいは壮年期《そうねんき》の姿でいる」ということで、この話は「死ねないということが、どれほど苦痛であるか、不幸であるか」ということを皮肉にも告げていました。私たちは、永遠の生命を願うと同時に、こうした停滞《ていたい》を嫌《きら》うという性格があるのです。

年を取ったら老いて死んでいきます。その恐怖《きょうふ》におののいている人もたくさんいるでしょう。しかしながら、「寿命が来て、死んでいける」ということは、非常に幸せなことなのです。これによって、蟬が殻《から》を脱《ぬ》ぐように、魂は次なる発展の機会を与えられているのです。これは非常な慈悲《じひ》なのです。次のステップをまた踏《ふ》めるようになっているわけです。

「こうして転生輪廻《てんしょうりんね》をして、いろいろな人生を繰《く》り返しているということが、どれほどの慈悲であるか、どれほどの愛であるか」ということを考えていただきたいのです。

したがって、私たちの寿命についても、「この地球という星があり、『一日二十四時間で自転し、三百六十五日で太陽の周りを公転している』という時間の創造によって、人生ができている」という幸福感をみなさんに味わっていただきたいと思うのであります。

「『幸福』あるいは『発展』という方向性の創造」への感謝

さらに、私たちの人生を考えるときに、「足ることを知る」として考えてみる必要があるのは、最後の第三の発明であります。

「神の念われた第三の発明、すなわち、『宇宙の発展形式に目的性を与えられ、大いなる幸福を目指すこととした』ということ、『そのように決めていただいた』ということが、どれほどうれしいことか、ありがたいことか」ということを考えていただきたいと思うのです。

もし、この運動法則の果てが、単なる破滅《はめつ》であったならば、単なる死滅であったならば、単なる枯死《こし》であったならば、枯渇《こかつ》であったならば、どうでしょうか。世の中はいったいどのようになっていくでしょうか。それは非常に暗い世界であると思います。

先ほど、利己主義の話もしました。利己主義は、他人《たにん》との調整の兼《か》ね合いにおいて悪となっていくことがありますが、「その出発点において、それぞれの人間が、動物が、植物が、豊かな人生を生きていくように根本的に願っている」ということ自体は、大いなる慈悲であるのです。これがありがたいのです。

もし、それぞれの生命のなかに、自己破壊《はかい》的な願望のみが埋《う》まっているとしたならば、大変な世界であります。人間はどうしてか、文明のストレスによって戦争というようなものを起こしがちですが、もし、人間の魂が、魂であること自体によって、成人したら人を殺さねばならないような破壊的な魂として目的性を持っていたら、世の中はどうでしょうか。

例えば、親は子供を生み、二十年間育てます。そして、二十年したら、その子供に必ず殺されねばならないというような法則性があったら、どうでしょうか。こういう人生も、考えれば、考えることができるのですが、そのようにはなっていません。そのために、私たちは非常に幸福なのです。

もし、「知り合った人は一晩のうちに殺してしまう」などというような魂の傾向《けいこう》があったら、大変なことになります。

しかし、ありがたいことに、それぞれの人がみな、「幸福に伸《の》びていきたい」という思いを持っています。これは、言語を絶した世界において共通しているのです。「これもまた、ありがたいことである」と考えねばならないと私は思うのであります。

7　星の生命体にも転生輪廻《てんしょうりんね》がある

惑星《わくせい》は、死を迎《むか》えるとブラックホール化する

さて、時間の話をしましたが、空間の話もしておきたいと思うのです。「地球が現在の大きさで存在し、重力があるために、私たちは身長一メートル何十センチかの大きさで住んでいられる」ということもまた、非常にありがたいことなのです。

もし地球が巨大《きょだい》な圧力によって圧縮され、直径が一・七七センチになったらどうなるかというと、ブラックホールが出来上がるのです。直径二センチ弱です。地球に圧力が加えられて、服のボタンより少し大きいぐらいの直径まで圧縮されたらどうなるかというと、ブラックホールになるのです。そして、地球から出る熱も光も

全部吸い込《こ》まれてしまいます。周りの空間までゆがんでしまいます。そういうブラックホールが誕生します。

先ほど、人間としての転生輪廻《てんしょうりんね》の話をしましたが、星の生命体としての転生輪廻もあるのです。こういうことも話しておきたいと思います。

私たちは今、三次元に住んでいます。そして、「四次元の人霊《じんれい》、五次元の人霊、六次元、七次元、八次元、そして、人霊としての最高段階として、九次元の霊がある」という話をしたはずであります。

「九次元霊の個性としては十体の霊がある。この上は、惑星《わくせい》意識になっていく」という話をしています。「大日《だいにち》意識や月意識、地球意識という惑星意識になっていく。こういう魂《たましい》の段階がある」と言っています。

この惑星意識として、地球にも月にも、あるいは木星にも金星にも、魂がありま す。惑星としての魂があるのですが、この魂に転生輪廻があるのです。この魂にも、やはり大きな目で見て転生輪廻があります。

　その転生輪廻の速度は一定ではありませんが、銀河系という惑星系団で見ると、惑星としての魂の転生輪廻の平均速度は、だいたい百五十億年です。百五十億年ぐらいの平均速度で、惑星意識の転生輪廻があるのです。すなわち、惑星としての死があるのです。生命としての死があるのです。魂としての死があるのです。

　この惑星の魂として死んでいくときは、どういうときかというと、例えば、地球ならば地球がブラックホールになるときなのです。

　地球は、ひと周り四万キロぐらいです。その程度の大きさになっています。これが歴史を経《へ》て、もちろん、さまざまな衝突《しょうとつ》によってバラバラになってしまうとか、爆発《ばくはつ》によってバラバラになってしまうとか、そうした事故による惑星の死もありますが、これ以外に寿命《じゅみょう》というのがあるのです。そして、寿命としての惑星の死の場合、ブラックホール化というのがあるのです。あれは惑星が死んでいく姿なのです。

　普通《ふつう》の惑星であれば、平均寿命はだいたい百五十億年です。百五十億年するとどうなるかというと、例えば、この地球が生命体として衰退《すいたい》していくのです。地球という球体は、惑星意識にとっては一つの細胞《さいぼう》なのです。もう少し大きい細胞かもしれません。人間の肉体のようなものです。ここに、地球意識という魂が入っているのです。こういう〝肉体〟があるのです。人間の肉体は八十年ぐらいすると衰退していって死んでいきます。同じように、惑星も死んでいくときがあるのです。

そのときの「死に方」はどうなるかということですが、いちばんポピュラーな死に方が、ブラックホール化なのです。すなわち、容積が異常に小さくなっていくのです。惑星がギューーッと縮まっていくのです。ひと周り何万キロもあるような惑星が、ほんの一センチ、二センチになるまで収縮していくのです。これが「死滅《しめつ》」の段階なのです。それは、惑星意識という魂が、実は収束《しゅうそく》しているのです。ギューーッと収束していって、その使命を終わりつつあるのです。〝臨終前《りんじゅうまえ》〟なのです。

そのあと、どうなるかというと、核《かく》になった段階で惑星は消滅します。地球が一センチ、二センチになったら、もう消滅です。消滅してパラパラになってしまいます。粉々になるのです。

人間の胎児《たいじ》ほどに小さくなった惑星意識を核として、新しい星が誕生

魂の部分はどうなるかというと、惑星意識は非常に小さなものになります。人間が母の胎内《たいない》に宿るときの大きさと同じになってしまいます。あれだけ巨大な惑星意識が、胎児と同じ魂の大きさになってしまうのです。

こうして次の段階になります。胎児と同じ大きさになった魂はどうなるかというと、これが、新しい星の誕生のときに宿るのです。惑星の誕生にはいろいろとあります。太陽のようなものから分かれてくる場合もありますが、自然にできるときもあります。それはどのようにできるかというと、ガス体が集まったり、宇宙のクズが集まったりして、凝縮《ぎょうしゅく》していく過程において、それが爆発を繰《く》り返して星ができることがあるのです。

この核になるものが、ブラックホールの次の魂なのです。ここまで来た魂は、いったん睡眠《すいみん》状態に陥《おちい》ります。惑星が睡眠状態で、まったく胎児の魂と同じになって

意識がなくなるのです。これが、次の新しい星が誕生するときの核になります。これが核になって、この核の周りにいろいろな自然事象が起きてきます。宇宙のガスが渦巻《うずま》き始めるのは、この核の周りなのです。渦巻いていきます。そうして、いろいろなものを集めてきます。求心力《きゅうしんりょく》が出てくるのです。このときに、次の惑星が誕生してくるのです。

この転生輪廻の平均速度が百五十億年であります。このようになっているのです。この法則からいくと、地球もまだまだ存在としては長らえることができます。ただ、これは「自然死」をした場合であって、それ以外に、特殊《とくしゅ》な事情があって、地球の内部分裂《ぶんれつ》、あるいは他の惑星との衝突による分解ということもあるでしょう。このあたりについて司《つかさど》っているのはいったい誰《だれ》であるかというと、これが十次元意識なのです。十次元意識が、そうしたことを調整しているのです。

8　救世運動に入れるべき三つの指標

「宇宙」「人間存在」についての理解が、救世活動の出発点

以上、私はいろいろなかたちで、「大宇宙のなかの人間および魂《たましい》の変転」ということを話してきました。

今、私たちが原点に帰って「救世の原理」を考えるときに、いちばん大切なのが、実は、「宇宙」についての理解なのです。あるいは「人間存在」についての理解なのです。この根本的な理解ができていないと、いったい何のために法を広げようとしているのか、この意味がなくなってきます。

何のためでしょうか。それは「幸福の科学」という団体の名前を広げるためだけでしょうか。会員を広げることが、私たちにとって満足がいくからでしょうか。そ

れだけでしょうか。どうでしょうか。それを考えていただきたいのです。

この出発点が違《ちが》っていてはいけないということなのです。「この大もとをまずバシッと押《お》さえ、この大もとあってこその個別具体的な私たちの活動・行動」ということになっていくのです。

救世運動の指標①――人間は神より創られた存在であることを伝える

さすれば、私たちが、他の人々に、あるいは他の団体に属している人たちに、また、まったく魂とか神とか、そういうものを知りもせず、気づこうともしていない人たちに伝えなければならないことは、いったい何であるかというと、まず「神の第一発明」です。そうでしょう。

それは、「念《おも》いによって宇宙が創られ、また人間が創られ、生命が創られてきた」という第一の発明の部分、工夫《くふう》の部分です。私たちはまず神の第一発明のところを自分なりの言葉で翻訳《ほんやく》して伝える必要があるわけです。

つまり、地上に生きていることを「偶然《ぐうぜん》」だと思い、「ただ偶然に自分は地上に投げ出され、まったく知らない環境《かんきょう》に偶然生み出され、そして、死ねば何もかも終わりなのだ」と考えるような唯物《ゆいぶつ》的人生観は、神の第一発明と明らかに反しているわけです。本当の成り立ちを知らない人たちの人生観であります。

そこで、真実の人生観を、みなさんなりの翻訳した言葉に換《か》えて、伝えてあげる必要があるのです。「本来、創られたものだ」ということを知ることによって初めて、人間は、生かし合いもできるのであるし、感謝ということに気づくこともできるのであります。それを偶然の産物にしてしまっては、相互《そうご》の協力のなかにおける幸福も、感謝ということも生まれてくるはずがないのであります。

まず、この第一発明について、みなさんなりの言葉で他の人に語ってあげる必要があるということです。

そして、「この第一発明の延長上に、霊《れい》と肉の存在がある」ということです。みなさんは、「エジソンの霊訓《れいくん》」などで学んでいると思いますが、霊的なエネルギーが物質化するプロセスについて明らかにされているはずであります。あのようなかたちで物質界ができてきたのであります。まず、こうした神の第一発明の延長上にある現象を説明してあげる必要があるのです。

救世運動の指標②——時間の意味を教える

第二は「時間の発明」ですから、時間というものの意味を教えてあげる必要があります。時間の意味としては、二種類の内容が挙げられるのであります。

・第一の「時間の意味」——人生の時間をいかに使うべきか

第一は何かというと、個人としての人生です。「人生の時間をいかに使わねばならないか」ということを教えてあげる必要があるのです。「個人の人生の使い方として、どのように真理価値を含《ふく》ませた時間を送るか」ということです。

『平凡《へいぼん》からの出発』（前掲《ぜんけい》『若き日のエル・カンターレ』）のなかの「存在と時間」

の章に書いてありますが、私たちが生きている時間には、「相対時間」と「絶対時間」という二種類の時間があるのです。

相対的時間というのは、客観的尺度によって測《はか》られるものです。時計によって測られるものです。

例えば、講演会での私の話は一時間十五分ですが、一時間十五分という時間は、客観的尺度で測った場合、相対的時間としては、聴《き》いている人全員にとって同じであります。

ただ、「一時間十五分のなかに盛られている真理を、自分としてどのように消化し、会得《えとく》したか」ということによって、その人の人生時間は無限に広がるのです。無限の人生を生きたのと同じになってくるのです。この真理価値を含む時間のことを、絶対的時間といいます。

こういう「絶対的時間」と「相対的時間」という二種類の時間のなかを私たちは生きています。これは、アインシュタインの相対性理論の仏法真理《ぶっぽうしんり》への理論展開なのです。実際、私たちが生きている真理空間のなかにおいては、相対的時間と絶対的時間があるのです。これが、この物理学の法則の真理への転換《てんかん》です。これは事実なのです。そのようになっているのです。これが一つです。

・第二の「時間の意味」――「今は人類の転換期である」という時代認識

もう一つは、「人類が今ある時間の意味」です。これを考えねばなりません。「私たちが生きている、この二十世紀の末というのが、いったいどういう時期に当たっているのか、どういう時期であるのか」という時代認識によって、私たちの生き方は変わってこざるをえないのです。平々凡々とした人生を生きていってよい時期ではないということです。

ノストラダムスの予言等もありましたが、これは具体的にどういう手順で起きるのかは私も定《さだ》かには分かりませんし、確認したいとも思いません。ただ、「何らかの不幸、悲劇、破壊《はかい》的なものが、その時期がもう迫《せま》っている」ということは事実であります。

なぜ、高級霊たちはあれだけの速度であれだけの法を出そうとしているのか。なぜそれほど急ぐのか。その意味をみなさんに分かってほしいのです。急ぐには急ぐだけの理由があるのです。そう思わなければいけないのです。それが分からなければ、「みなさんは本当に何も見ていない、感じていない」ということと同じです。

あの速度で法を出す理由は、急いでいるからです。その時期が来ているのです。その時期が来る前に、法灯《ほうとう》を掲《かか》げたいと思っているのです。真理の基礎《きそ》をつくり、土台をつくり、広げたいと思っているのです。だからこそ、これだけ急いでいるのです。この意味を感じ取ってほしいと思います。

時間のもう一つの基準としての、「人類の転換期にあるわれわれ」という視座であります。

救世運動の指標③──「幸福という名の目的」を持ち、それを忠実に守る

そして、三番目の神の発明である、「幸福という名の目的の発明」を私たちは忠実に守っていかねばなりません。

人類の目的は、決して、一人だけが生き残ればよいとか、一つの国だけが、一つの社会だけが残ればよいとかいうようなことではなく、無限の調和と進歩というもののなかにあるのです。「すべての個性を包みながら、多様性を許しながら、限りなく幸福に近づいていくことを目指せ」と当初から言われているのであります。

したがって、この幸福という目的を持たずして、救世の運動はないのであります。

以上、「存在をあらしめる力」「時間の創造」「幸福の目的」という三つの指標を、みなさんの救世運動のなかに入れていただきたいと思います。私も、その考えの下《もと》に歩んでいきたいと思います。

第4章

反省の原理

一九八八年 第四回講演会

一九八八年十月二日　説法《せっぽう》

東京都・日比谷《ひびや》公会堂にて

1　霊的《れいてき》な視点から見た反省の意味

仏教の精髄《せいずい》は「反省の意味を知ること」

私たちの霊言集《れいげんしゅう》から始まった、この仏法真理普及《ぶっぽうしんりふきゅう》運動も、ついに発行部数百万部突破《とっぱ》（説法《せっぽう》当時）というところまで来ました。おそらく、この数字は、百万、二百万、五百万、一千万となり、やがて日本国中を包む大いなるうねりとなっていくものと信じております。

さて、こうした数多くの本のなかで、その「法の多様性」のなかで、みなさんは、自分は今、どのあたりを泳いでいるのか。漂《ただよ》っているのか。また、泳ぎ切ることができたのか。その自己確認がなかなかできないでいることであろうと思います。

しかし、私は、「今という時期に、みなさんにとっていちばん大切なことは、やはり、あくまでも自己確立である」ということを重ねて申し上げておきたいのです。

それは、「発展」という雰囲気《ふんいき》が漂ってきた、今という時期であるからこそ、もう一度、自分自身というものを引き締《し》め直し、そして、さらなる成長のために、さらなる跳躍《ちょうやく》のために、自分自身というものをもう一度深く深く見つめ、その内容を詰《つ》めていく必要があるのです。

私は、『釈迦《しゃか》の本心』という著書において、「今から二千六百年前のインドにおける釈迦の考えは、いったい奈辺《なへん》にあったのか」ということを明らかにしたつもりであります。

その思想は極《きわ》めて分かりやすく語られていると思いますが、その骨格をなすものは「仏教の精髄《せいずい》そのもの」であります。何万巻《がん》、あるいは、それ以上の仏典《ぶってん》を読んだとしても、『釈迦の本心』のなかに盛られている思想が分からなければ、「仏教を分かった」とは言えないのです。

『釈迦の本心』（幸福の科学出版刊）

言葉を換《か》えて言うとするならば、この一冊の書物のなかに、ゴータマ・シッダールタ、仏陀《ぶっだ》、釈迦牟尼仏《しゃかむにぶつ》が、八十一年の生涯《しょうがい》のなかにおいて説き来たり説き去った教えが、思想的骨格として凝集《ぎょうしゅう》されているのです。

釈迦の全生涯そのものについては、いずれ改めてその全容を本にしていきたいと思っておりますが、まずは出発点として、その精髄を、骨格を、『釈迦の本心』にて、みなさんに明らかにしたわけであります。

では、仏陀は、いったい何を言いたかったのでしょうか。この一冊の書物に盛られた内容を、さらに一点に凝縮するならば、一点に集約したとするならば、それは、「反省ということの意味を知れ」ということであります。

「何ゆえに」とみなさんは問うでありましょう。何ゆえの反省であるのか。それがよいことであるから、するのか。はたまた、反省というその方法論のなかに一段高い意味合いがあるのか。そこには、私たちが察知しえていない何らかの深い意味合いがあるのではないか。そういうことを考えざるをえないのです。

「霊的なるものの影響《えいきょう》」が、人間の幸・不幸を分けている

私は、みなさんが見えないものを見、みなさんが聞けないものを聞き、みなさんが知らないものを知る、そのような運命の下《もと》に生まれた人間として、一つの重大な事実を、みなさんにお教えしておかねばならないと思います。

それはすなわち、みなさん一人ひとりは、「自分は主体的なる人生を生きている。その意志決定と行動の決定の九十九パーセント以上は、自《みずか》らがなしている」と思っているとしても、実は、そうではないところがあるということです。

みなさんの目には見えない世界のなかでは、さまざまな様相が展開されているのです。そして、そのなかで最も人間の幸・不幸を分けているものは、「霊的なるものの影響《えいきょう》」です。

世界には、これだけ多くの人々がいて、およそ五十億もの人間（説法当時）がおりながら、「今、自らはどのような影響下にあるのか」ということを知らないまま

に生きているという事実。この事実を私は何とも許しがたく感じるのです。

みなさんは目覚めなければいけない。

「自らは自分の判断で生きていると思いながら、その実《じつ》、単なる操《あやつ》り人形になっていることがある」という、その真実を知らなくてはならないのです。

さらに具体的に申し上げましょう。

私が会う多くの人々は、多かれ少なかれ、霊的な影響を受けています。しかし、「そのなかで、よい影響、すなわち守護霊《しゅごれい》や指導霊といわれる者から直接に影響を受けている人はごく稀《まれ》であって、その時間とその接触《せっしょく》面積は、人により違《ちが》いはあれども、たいていは、一日のうちのどこかで、悪《あ》しきものの波動《はどう》を受けている」というのが万人《ばんにん》共通の事実であると思うのです。

それは、「神の子人間」としては、見ていてまことに情けない状態であるのです。「万物の霊長」といわれるわれわれ人間が、動物霊や、あるいは迷っているものなどにさまざまに影響されて、彼らの間違った意図のままに人生を流され、運命の淵《ふち》のなかに沈《しず》んでいくのを見るとき、私は断固として、こうしたものの影響を排除《はいじょ》していきたいと思うのであります。

そして、みなさん一人ひとりが、「本当に自分自身の人生を生き切った」と言えるような、そういう毎日にしていきたいと思うのです。

みなさんの多くは、

「まったく自分のものとは思えないような人生を生きていて、その結果を享受《きょうじゅ》し、その責任を負わされている」

というような運命の流れのなかにあるのです。

けれども、あなたがたも本当に神の子であり、神仏の子であるとするならば、
もはや目覚めねばならないと私は思うのです。

そのようなものにいつまで惑《まど》わされているか。

早く神の子としての自覚に目覚めよ。
そして、本来の人間の誇《ほこ》り高き神性《しんせい》を光り輝《かがや》かすべきである。
そのときが来ている。
そう私は思うのであります。

そして、その方法としては、非常に簡単に思えるかもしれませんが、二千年前も三千年前も、そして、それよりはるか昔からも、人間は「反省が大事である」ということを教わり続けてきたのです。

2　ラ・ムーの三正道《さんしょうどう》

「愛」「心の調和」「学び」についての反省を説いたラ・ムー

われらには、もはやその影《かげ》さえ見ることのできないムー大陸、「ムー」と呼ばれた古代大陸においても、今から一万六千年以上の昔に、「ラ・ムー」という方が人々に反省の教えを説いていました。

「汝《なんじ》ら自身の真実なる心を取り戻《もど》せ。そのためには、悪《あ》しき物質的波動《はどう》を断《た》ち切り、自《みずか》らの心の迷いを排除《はいじょ》せよ」と、彼は声を嗄《か》らして教えていたのであります。

私には、そうした光景が、点景のごとく、いろいろなかたちで見えてくるのです。いろいろな姿を取って、さまざまな人が地上に下りては、人々を教え導いてきましたが、そのなかにおいて、「常に変わらざるもの」「常に不変なるもの」「決して曲がることのない一本の教え」があったのです。

それは、「人間よ、自らの心で、自らの意志の力でもって、汝の過《あやま》ちを修正せよ。そのときに、運命の大河《たいが》は汝の向かう方向に流れていくのである」という事実であります。

その方法の一つとして、釈迦《しゃか》は「八正道《はっしょうどう》」を説きましたが、ラ・ムーの教えは、これとは違《ちが》っていました。彼が説いた教えは、八正道になぞらえるとするならば、「三正道《さんしょうどう》」とでも言うべきものでした。

・ラ・ムーの三正道①――愛の反省

彼の教えの筆頭には「愛の反省」というものがありました。

人間は人を愛して生きるべき存在である。

愛を人に与《あた》えたかどうか、これを毎日必ず振《ふ》り返れ。

こういうことを説きました。

・ラ・ムーの三正道②——天上界《てんじょうかい》と心を通わせる反省

二番目に説いた教え、反省の方法は、「今日一日、神あるいは神近き高級霊《こうきゅうれい》といわれる守護《しゅご》・指導霊《しどうれい》と心を通わすことができたかどうか。これを反省せよ」というものでした。

守護霊や指導霊の声が聞こえない、直接的にであれ間接的にであれ、聞こえない状況《じょうきょう》というのは、自らの心の曇《くも》りがそれをもたらしているのである。

自分の心の針が天上界《てんじょうかい》に通わないのであるならば、その原因行為《こうい》は、一日のうちに自分がつくった想念と行いにあるはずである。

されば、それを反省せよ。

こう説きました。

・ラ・ムーの三正道③――学びの反省

三番目に説いた教えは、「汝、今日いったい何を学びしか。これを反省せよ」というものでした。

一日を無駄《むだ》にしていないか。

人生はわずか数十年である。しかしながら、今という環境《かんきょう》下にこの地上へ生まれ変わってくることは、並大抵《なみたいてい》のことではない。よほどの幸運に恵《めぐ》まれないかぎり、このような環境下に生まれてくることはできない。

さすれば、この一生を無駄に使うな。この一年を無駄に使うな。この一日を無駄に使うな。

彼の教えは、ここに徹底《てってい》していました。

すべてを学びの材料とせよ。

学ばずして一日を終わるな。一時間を終わるな。一分を終わるな。一秒を終わるな。

　こう説いていました。

　みなさんは八正道というかたちにとらわれているかもしれませんが、反省法というものの根本《こんぽん》は、「私たちに与えられている人生という時間を決して無駄にしない」という姿勢に、その原点があるのです。その原点さえ確かであれば、反省法は無限にあります。

反省の奥《おく》にあるもの

　現在、私は「真説《しんせつ》・八正道」ということを説いておりますが、これは、「釈迦が説いたことを現代流に簡単に言い直して、みなさん一人ひとりに知ってほしい」という思いから説かれているものであります。

　けれども、反省の方法は実際には非常に数多くあります。まだまだみなさんにお教えしていない、いろいろな方法があります。霊性《れいせい》の開拓《かいたく》や発展に応じた、さまざまな反省の方法があるのです。

まず出発点として、私はみなさんに、八正道よりもっと簡単である、ラ・ムーの教えのなかの「三正道」を提言したいと思います。

この三つの反省は比較《ひかく》的簡単でありましょう。チェックする項目《こうもく》は三つしかありません。

まず一番目は、「あなたは今日、人に愛を与えたか否《いな》か。人間は、愛を与える存在である。与える愛の存在であるならば、『与えない』ということは人間の本性《ほんせい》に反しているのである。そのことについて反省せよ」という教えです。

二番目は、言い換《か》えれば、「心の調和についての反省」です。守護・指導霊と心が相通じないということは、結局、「心の波動が乱れている」ということです。「心の波動を調《ととの》え、調和を生んでいくための努力を日々せよ」ということなのです。

そして、三番目の「学びの反省」は、結局、「積極的な自己をつくっていくための反省」であるわけです。

反省を「過去を振り返るのみ」と誤解している人が数多くいますが、反省の本当の目的は、自分の思いと行いを正すことによって、より積極的なる人生を展開するところにあるのです。

反省を単なる消極的行為と捉《とら》えてはならない。マイナスをプラス・マイナス・ゼロにすることのみと捉えてはならない。

反省の奥《おく》にあるものは、より積極的なる自己を展開し、神の心を、この地上において、「ユートピア実現」という名の下《もと》に成就《じょうじゅ》していくことであります。

これゆえに、この一線において、「反省」「祈《いの》り」という両者は、一刀のもとに、その違いを切って捨てられるのであります。

われらは、方法論のみに目を奪《うば》われて、その本質にあるものを見落としてはならないのです。願うべきことは、「現在の自らのあり方を改め、より素晴《すば》らしい創造行為を営《いとな》むこと」です。ここに、この一点に、すべてが集約されるのであります。

反省を始めた瞬間《しゅんかん》から、悪しき霊たちが剝《は》がれ落ちていく

さて、以上語ってまいりました三つの反省は、非常に入りやすい教えであろうと思いますし、みなさんが今日ただいまから開始できることでもあろうと思います。

しかし、反省には、実は複雑な要素がつきまとっているのです。

例えば、「反省の効果」という点に関して、みなさんは残念ながら追体験できないでいることが多いだろうと思います。「反省の力」というものがどのようなものであるか、実際に知っている人は少なかろうと思います。

実は、霊的な目で視《み》るとするならば、まさしく、みなさんが反省を始めたその瞬《しゅん》間《かん》から、みなさんにいろいろなかたちで取り憑《つ》いていた悪しき者たち、悪しき霊たちと言ってもよい、そうした想念の塊《かたまり》が、崖《がけ》から落ちるがごとく、ロープを切られたがごとく、次々と剝《は》がれ落ちていくのです。私はこれを視ているのであります。

この反省というものの力の強さを知っていただきたいと思うのです。

3　「内なる仏性《ぶっしょう》」を顕現《けんげん》せよ

「祈《いの》り」による光とは違《ちが》い、「反省」による光は自《みずか》らの内より発する

そして、私はここに次なる事実をお教えしなければならないと思います。

みなさんは、「光」というものは外から来るものである、他力《たりき》によるものである、そのようにお考えであることが多いのではないでしょうか。「高級霊《こうきゅうれい》の力によって、光というものが与《あた》えられるのである。それによって、救いも与えられるのである」と考えがちでありましょうし、事実、そうしたものもあります。

『愛から祈《いの》りへ』という本のなかで、私は数々の「祈りの方法」「祈りの言葉」をお教えしております。そうした

『愛から祈りへ』（幸福の科学出版刊）

「祈りの言葉」を口に出して読んでいるということは、みなさん一人ひとりが一つの「霊的震源地《しんげんち》」となり、「霊的波動《はどう》の発信地」となって、高級霊界《れいかい》に黄金の橋が架《か》かっていくことになるのです。

それによって、いろいろな指導霊たちが力を加えてくることがあるでしょう。そのような経験をされることでしょう。

けれども、あえて、私は、「祈りの原理」に先立って、「反省の原理」を説いた理由の一つとして、「光は外から来るものだけではない」ということを言っておきたいのです。

釈迦《しゃか》が説き来たった反省という教えの根本《こんぽん》は、「光は内から出てくる」という考えであり、このことを教えんとしてやっていたのであります。

幸福の科学で、瞑想《めいそう》というものを多少なりとも実修された方は、「満月瞑想」という修法《しゅうほう》（満月を心のなかに思い描《えが》く修法）を経験されたことがあると思います。

この「満月瞑想」は、瞑想であって単なる瞑想ではないのであります。それは一つの「反省を突《つ》き詰《つ》めた姿」であることを、みなさんは知らねばなりません。

私自身、自《みずか》らを振《ふ》り返るということがあります。自らを振り返り、自己の内を観《み》ていったとき、心の奥《おく》に沈潜《ちんせん》していったとき、そこに私は一つの自己像を見ます。その私は「肉体を持っている私」ではありません。それは、ちょうど金色の仏像のごとく見えるのであります。そして、その金色の仏像は、その内から、ちょうど「丹田《たんでん》」といわれるあたりより、明らかに光を発しているのです。

「この満月瞑想の姿は、実は反省の完成された姿でもある」ということを、みなさんに知っていただきたいのです。

みなさんは、心のなかに去来したいろいろな思いを、一つひとつ反省していくことと思いますが、そうして定《じょう》に入っていったときに、このような自分の姿が見えてこなければ、その反省は完成していないということなのです。

反省が完成したときには全身から光が出ます。これを「オーラ」という言葉で呼ぶこともありましょう。「後光《ごこう》」ということもありましょう。

しかし、それは単に外面的なる後光ではなく、霊的な目で見て、全身が金色《こんじき》の像になっていなければならないということです。そして、その内から強烈《きょうれつ》な光が四方八方に散乱していなければならないのであります。

ここに私は祈りとは違《ちが》った光が存在することを感じるのです。祈りの光ははるかなる上空から降《くだ》ってきます。しかし、反省による光は自らの内より発するのです。これを見たときに、知ったときに、私たちは『新・心の探究』（幸福の科学出版刊）その他の書物で説かれている「心の構造論」の意味が分かるのであります。

私の理論書には、「私たちの心はタマネギ型に幾重《いくじゅう》もの層からなっていて、一人ひとりの人間が、心のなかに、四次元、五次元、六次元、七次元、八次元、九次元、十次元という領域をタマネギ状に持っている」と書いてありますが、それがまさしく真実であるということを、みなさんは知るに至るのです。

心の中核《ちゅうかく》、中心の部分には、実相世界へと通じ、さらには人霊を超《こ》えた世界に通じる核の部分があるのです。「人格霊としては、八次元、九次元が最高領域である」

というような話もありますが、私たちのなかには、これを超えた十次元、十一次元、あるいは、さらにそれ以上の光が注いでくる部分があるのです。

その奥の奥の一点は、究極においては、大宇宙のはるかなる奥にいる神へと通じているのです。この事実を知ったときに、われわれは、「内なる光を求める」という方法が存在していることを知らねばならないと思います。

人間を「弱きもの」と見たイエス、「強きもの」と見た釈迦

釈迦が説いた教えも、結局、ここにポイントがあったのです。釈迦とキリストという二大聖人を比較《ひかく》したときに、明らかなる違いとして現れてくるのもこの点です。

キリストは、「自分を超える絶対者というものがはるかなる彼方《かなた》にある」という認識を示していました。それを「父」と呼ぶこともありましたし、「神」と呼ぶこともありましたが、「超越《ちょうえつ》的なる存在が、肉体に包まれた霊的我《われ》をはるかに超えてある」という認識をし、それを説きました。これが他力信仰《しんこう》の出発点であると思い

ます。

しかし、釈迦はこのような他力を説かなかったのです。何ゆえに説かなかったかというと、地上にある人間を、肉体に宿れる魂《たましい》を、弱小なる存在とは見ていなかったからであります。

イエスの教えにおいては、まだ人間は弱くも崩《くず》れやすいものであり、ときに罪人《ざいにん》のレッテルを貼《は》られるがごとき、弱き姿として浮《う》かんできますが、釈迦の目には、人間とは真に強きもの、その中心において強きものと見えていたのです。

もちろん、その外面において、外見においては、人生の流れのなかで、運命の激流に流され、カルマの渦《うず》に巻き込《こ》まれ、翻弄《ほんろう》されていく数々の人を見てはきました。その意味においては、イエスと同じく、弱い人間を数多く見てはきたのです。

「汝《なんじ》の心のなかにある仏性を顕現せよ」という仏教の教えを道破《どうは》せよ

しかし、釈迦は、それぞれの人間の核の部分に、確かなる神の光を見いだしていたのです。
それゆえに、釈迦はあえて「信仰」ということは説かなかった。
信仰というものを、どこか彼方にあるものへの畏敬《いけい》と捉《とら》えずに、
「自らの内にある、核ともいうべき、光の部分に目覚めよ。
さすれば、そこにすべてがある。
すべてが見える。
すべての力が与えられる」、
こう説いたのです。
内的宇宙が外的宇宙をも包含《ほうがん》する、
そういう世界観を観てとっていたのであります。
こうした見地において、信仰というものがさらに力を得て、
強大なエネルギーへと転化していったのであります。
「内なる自己と外なる超越意識があるというのではなくて、

実は、同じ一点を通過するエネルギーであり、
根源において共通するものである」ということをつかみ切った人間は、
非常に強く、たくましく、
勇気を持って生きることができるのであります。
すなわち、弱者から逃避《とうひ》せんとして助けを求めるのではなく、
「汝《なんじ》、弱者にあらず。
汝のなかに神仏あり。
その神仏を見よ。
その神仏に目覚めよ。
汝の心のなかにある仏性《ぶっしょう》を顕現《けんげん》せよ」、
仏教の教えは、この一点に集結していくのであります。
この一点が分からなければ、道破《どうは》できねば、
仏教を学んだことにはならないし、

知ったことにもならないのであります。
その内なる火を、炎《ほのお》を、光を、どこまで観ることができるか。
ここがみなさんに試《ため》されているのであります。

4 真説《しんせつ》・八正道《はっしょうどう》

①正見《しょうけん》

一日を振《ふ》り返り、さまざまなことを思うでしょう。

●八正道《はっしょうどう》で言えば、まず「正見《しょうけん》」というものが出てきます。「正しく見たか」ということです。これは、言われてみれば、当然のことのようにも思えますが、この「正しく見る」ということを確認している人がどれだけいるでしょうか。

「正しく見る」ということには三つの観点があります。

・自分を取り巻く人々に対する目

一つは、もちろん、「自分を取り巻く人々に対する目」です。

●八正道　本来、八正道は「正見《しょうけん》」「正思《しょうし》」「正語《しょうご》」「正業《しょうごう》」「正命《しょうみょう》」「正精進《しょうしょうじん》」「正念《しょうねん》」「正定《しょうじょう》」という順序であるが、ここでは順序を入れ替えて説かれている。本来の順序の八正道に関しては『太陽の法』『真説・八正道』（共に幸福の科学出版刊）等参照。

人間の苦しみの根源は対人関係にあることが多いと言えましょう。それゆえに、「他の人のあり方、他の人の姿を正しく見ることができたか」ということを振り返ることが大事です。「正しく見ることができたか」というのは、「神の心のような鏡に映ったとして、それと寸分違《すんぶんたが》わずに見えたか」ということです。そういう見方がありましょう。

・自分自身を見るという目

また、「正しく見る」ということのなかには、「自分自身を見るという目」もあるでしょう。

今日の自分を甘《あま》やかしていなかったか。
自分に対して色眼鏡《いろめがね》で見ていなかったかどうか。
自分の存在を特別に甘く認識していなかったか。
自己評価において正当であったかどうか。

この自己評価において、神の心のごとき鏡に映したとしても、間違《まちが》いのない姿であったか。

そうではなくて、自己弁護をしていたにすぎなかったのではないか。

こうしたことを知るに至るようになります。これが「正しく自分を見る」ということです。

・「他人《たにん》と自己との間に発生する事件」を見る目

さらには、「他人《たにん》と自己との間に発生してくるいろいろな事件」があります。人と人が生き、その間にさまざまな介在物《かいざいぶつ》があることによって、事件が起きてきます。

その事件を正しく見たか。

すなわち、今日起きたことに関して、自分を取り巻く出来事に関して、正当な目で見たかどうか。

・正見の反省によって、眠《ねむ》っていた仏性《ぶっしょう》が目覚めてくる

そういう三つの目があります。これが「正しく見る」ということの考え方です。このような反省をすることによって初めて、私たちの心のなかに眠《ねむ》っていた仏性《ぶっしょう》が次第《しだい》しだいに目覚めてくるのです。

そして、「正しく見る」ということが深まっていくにつれて、自分が「この人はこういう人だ」と思っていた人が、さまざまに違ったふうにも見えてくるのです。「現象我《が》としてのその人」と「仏性として顕現《けんげん》しているその人」の姿とが、明らかに違いとなって見えてくるのであります。

例えば、私がみなさんを見るのと、みなさんのうちの一人が他の人を見るのとでは、明らかに、見ているものが違うのです。この違いが分かりましょうか。みなさん一人ひとりを私がどう見ているか、お分かりになりましょうか。

私は、みなさんの、「内に秘《ひ》めたる、その神の光」を見ているのです。私には、

みなさんの、皮を被《かぶ》った姿、服を着た姿、髪《かみ》の毛を生《は》やした姿、そんなものなど目に入らないのであります。私の目に入るのは、本来の神の子としての姿を、どこまでみなさんが顕現しているか、その光のあり方です。それが私の目には見えるのです。

みなさんの外見的な姿も私の目には映ります。映りはしますが、そこに私は大いなる意味を見いだすことはないのです。それは過ぎ去っていく映像です。ちょうど映画のフィルムのように、それが上映された映像のごとく、映っては消えていくもの、痕跡《こんせき》を残さないもの、そのようにしか、みなさんの外面は見えないのです。

私が「見たい」と思うもの、「真に知りたい」と思うものは、流れる時間のなかにあって、変転する人生のなかにあって、変転しないもの、すなわち、みなさんの仏性であります。それが見たい。そう思って人と接しているのであります。

②正語《しょうご》

また、八正道のなかで大事な眼目として、「正しく語る」ということがあります。これは難しいのです。しかし、反省の材料として、いちばん分かりやすい部分でもありましょう。

自《みずか》らが正しく語れたかどうか、これは難しい。一年や二年の修行《しゅぎょう》ではできないのです。「本当に言葉を修練していく」ということは、かなりの努力が要《い》ることなのです。

しかしながら、「言葉というものによって人間社会が成り立っている」という事実を、われわれは知らないわけにはいかないのです。

「正語《しょうご》」「正しく語る」ということの対象は、口から発せられた言葉だけではありません。心の内にある思いが外に現れたとき、これが「正しき言葉」という反省の対象となるのです。

ですから、みなさんの手によって書かれたものであってもそうです。

また、ある意味では、言葉以上に雄弁《ゆうべん》に語る「表情そのもの」も、正しき言葉の解釈《かいしゃく》に含《ふく》まれてくるかもしれません。顔は口以上に語っています。目も語っています。その目の色、その顔の表情の一つひとつが、他人に対する評価を表しているのではないでしょうか。

発した言葉だけがお上手を言っていればよいと思っている人もいるでしょうが、言葉は汚《よご》れていなくても、その表情は、その目はどうであったか。これを考えていただきたいと思います。

この表現すべてをもって、正語の反省の対象といたします。

これは、結局、こういうことなのです。

本来の世界は「思いそのもの」の世界です。そして、本来の世界において、「思い」と「行い」は分離《ぶんり》されたものではなく、「思い即《そく》行い」であります。思ったことは、よきことも悪《あ》しきこともすぐ顕現化してきます。

しかし、地上においては、「思い」と「結果」とは一直線にはつながりません。その間に介在するものが「言葉」と「行い」です。この二つが介在して初めて、「思い」というものが顕現することになってきます。

それゆえに、まず「言葉」を知ることが必要なのです。

また、「地獄《じごく》」といわれる世界で生きている人たちの典型的な姿は、その言葉そのものに象徴《しょうちょう》されているのです。彼らは決して他人の幸福を願う言葉を発しません。そして、自分の幸福を願っているかと思いきや、その言葉自体が自分を穢《けが》しているということを、自分の神性《しんせい》を穢していることを知らないままに生きているのであります。

実《げ》に言葉とは不思議なものですが、これほど明らかに、私たちに「自らが神の心に合っているか、反しているか」を教えてくれるものも少ないのです。

反省ができないならば、まず言葉のことを考えてみてください。そして、「本来、天使の世界はどういうものであるか」を想像してみてください。傷つけ合う世界のなかに天国はないのです。逆に言うならば、「言葉によって天国はつくられる」と言ってもよいでしょう。

地獄に満ち満ちている悪霊《あくれい》たちには、肉体という外見はもうありません。彼らは本当は想念として生きています。彼らが今いる地獄を天国に変えんとするならば、その言葉を正すことです。それによって、たちまち、そこに天国が現成《げんじょう》してくるのです。簡単なことです。しかし、この八正道の二番目ができない人間がそれだけいるということなのであります。

そして、この「正語」ということにも限界がありません。それは、私のように、みなさんに話をしている者にとっても同じです。

「正語」は、突《つ》き詰《つ》めていけば、「真理の言葉」として、最高度の力を持った、最高度の言魂《ことだま》を持った言葉とならねばならないのです。「自分は悪しき言葉を発しなかった」ということだけでもって、「正語の反省ができている」などと思うならば、それはとんでもない間違いです。

真理の言葉を、一日のなかで、どれだけ発することができたか。反省はここまで来なければならないのであります。

単に「人を害さなかった」ということで、反省を終わりとしている方がどれだけいるでしょうか。そうであってはいけない。出会い、かつ語ることができた人に対して、汝《なんじ》はどれだけ真理の言葉を発することができたか。その人の心に糧《かて》を与《あた》えたか。その人の心に炎《ほのお》を、灯《ひ》を、光を発せしめることができたか。ここまで至らねばならないということを知っていただきたいのであります。

③正命《しょうみょう》

八正道には幾《いく》つかの分類の仕方がありましょうが、さらに「正命《しょうみょう》」ということも挙げておきたいと思います。これを私は「正しく生活をする」という言葉で言い換《か》えています。

「正命」は「正しい命《いのち》」と書きますから、「命を全《まっと》うする」というのがその根本《こんぽん》の意味です。

「命を全うする」とは、どういうことであるか。それは、すなわち、「この空間のなかに、この時間のなかに投げ出されている私たちの魂《たましい》を、本来の姿として現しめる」ということです。

それは自《おの》ずから、「正しく生活をしたか」ということにつながっていくのです。この「生活への反省」は、毎日毎日、みなさんの心を去ることがないでしょう。これにもまた完璧《かんぺき》ということはないのです。

一日の二十四時間を振り返ったとして、そのなかで「自分はよくやった」と思うこともおそらくあるでしょう。「この一日をよくやった」と思うこともあるかもしれませんが、では、次なる質問を投げかけられたときに、どうなりますか。

あなたは、その二十四時間を、もっと神の心に近い生き方で生きることはできなかったでしょうか。あなたが十分に使ったと思われるその一時間を、あなた以外の、もっと仏法真理《ぶっぽうしんり》に目覚めた方であるならば、また違った生き方をされたのではないでしょうか。

こう問いかけられたときに、この正命の反省はまたとどまるところがないものとなります。

現代的に言えば、これは「時間の効率的な生き方」ということになりましょうが、時間の効率的生き方という、この「時間」の意味が、『平凡《へいぼん》からの出発』（前掲《ぜんけい》『若き日のエル・カンターレ』）にも書いてあるように、「相対的時間」の効率的生き方であってはならないと言っているのであります。その二十四時間をどれだけ「絶対時間」で生きたかという、そこで測られるのであります。

私たちが生きている時間は人それぞれに違っているのです。二十四時間は時計で計れるでしょう。その一時間一時間には、個性の差がないように思われるかもしれません。

けれども、仏法真理の目から見たら、「一時間は一時間であって一時間にあらず。ある人の一時間は一分にも値《あたい》しない。一秒にも値しない。しかし、同じ一時間が、ある人の場合には千年分にも二千年分にも値することがある」ということでありま す。

イエスの教えを聴《き》いていた人々にとって、その一時間は二千年分にも相当したでしょう。これも「絶対時間」といいます。これは説法《せっぽう》を聴いている時間だけではありません。心のなかに去来《きょらい》した思いのなかで、真実の自己に目覚めた時間はどれだけあったか。そういう目覚めた自己で一日のうちのどれだけを生き切ることができたか。これが「正命」であります。

あなたがたは「時間を効率的に、能率的に生きた」と思っているかもしれませんが、「一日を一生として、あるいは千年、二千年として生きることができたかどうか」を考えたとき、ここにもまた無限の反省の余地があることに気づかねばならないのです。

④正業《しょうごう》

さらに「正業《しょうごう》」というものを挙げてあります。

職業を持っている人にとっては「正命」とも似た部分があるでしょうが、これは、「職業というもの、仕事というものを考え直してみたことがあるかどうか」ということであります。

たいていの方は惰性《だせい》のなかに生きていて、「自分は、たまたま、学校を卒業して、こういう会社に勤めている。そして、日本では定年まで勤めるのが普通《ふつう》であるから、このような仕事をしている」と言っているかもしれません。

けれども、みなさんは、「一生のうちで職業に従事する時間がどれだけあるか」を考えたことがあるでしょうか。成人してよりこのかた、三分の一、あるいはそれ以上の時間を費《つい》やしているのです。

それを単にその日のパンを得るためだけに使っていていいのでしょうか。単に月給を得るためだけに働いているのではありませんか。実は、そこにこそ他者との能動的なるかかわりがあるのではないですか。そういう展開があるのではないですか。

みなさんが今日命を失うとして、「振り返ってみて、やっておきたかったこと」は、本当はこの職業のなかにあるのではないですか。そのなかに自分という命を投入していこうとしなかったことに関して、恥《は》ずべきところがあるのではないでしょうか。自らの魂を埋《う》め込《こ》んでいかなかったことに対し、悲しくは思わないでしょうか。

職業というのは、仕事というのは、二つの面において大切な価値があります。

まず、「これがユートピア建設の基地である」ということです。そこを起点として大きな社会変革が起きてくることを、環境《かんきょう》が変わってくるということを知らねばならないのです。

また、職業はさらに次なるものをわれわれに与えんとします。それは、「われわれの悟《さと》りを高めるための材料」として立ち現れてくるということであります。

それは、「愛の発展段階説」で言うならば、「生かす愛の実践《じっせん》の場を与えてくれている」ということなのです。この「生かす愛」は、その実践の場がなければ、発揮することができないのです。私たちは、「職業を通して悟りを高める機会を与えられている」ということに関し、感謝しなければならないのです。

「自らの悟りを磨《みが》いていく場としての仕事がある」ということ、これを知らねばなりません。この方向において、人を生かしていく道は無限に近く、無限の道が広がっているのです。

たとえ、社長となって、数千人、数万人の社員を養う身となっても、自分のその職業における進歩、進化は、その数千、数万の人にとどまるものではないのです。

さらに、会社を超《こ》えて、日本に、世界に影響《えいきょう》を与える余地があるはずであります。

「生かす愛もまた、その悟りの次元のなかで無限の広がりを持っている」ということを、みなさんは知らねばならない。「生かす愛」のなかにおける無限の広がりこそが、みなさんの魂の足腰《あしこし》を鍛《きた》え、器《うつわ》そのものを広げていくことになるのです。

「霊的な高さ」とは別に、「魂の大きさ」というものがあります。「悟りは高くなくとも、魂の器が大きい」ということはあるのです。それだけ大きな包容力を持った人生観は、それだけ多くの「生かす愛」の実践をしていなければ、決して生まれてこないのであります。

⑤正思《しょうし》

八正道の前半について語ってみました。これは、少なくとも修行を志《こころざ》している者にとっては、たいへん大事なことであると思います。

しかし、悟りを求め、日々己《おのれ》を研鑽《けんさん》している者にとって大事なことは「正思《しょうし》」ということです。この「正思」は、前に挙げた四つに比べ、さらに難しい問題として、われわれに投げかけられてきます。

「正見」「正語」「正命」「正業」という四つは、具体性を持っていることにおいて、われわれにとって比較《ひかく》的容易な入り口が用意されています。

しかし、「正思」「正しい思い」となると、もはや入り込めない人が数多くいるのです。この正思の部分にどれだけ踏《ふ》み込むことができるかということが、「本当の意味において、悟りを求めているか、いないか」の違いを分けるのであります。

心というものは非常に面白《おもしろ》いものです。あるときには万華鏡《まんげきょう》のように見えます。あるときにはシャボン玉のように見えます。変幻自在《へんげんじざい》、握一点《あくいってん》、その一点のなかにまた宇宙大のものが広がっています。

この変幻自在の心を見たときに、「私たちが悠久《ゆうきゅう》の昔から転生輪廻《てんしょうりんね》をしてきた本当の理由は、この正しき思いというものを真に知り尽《つ》くすためであったのだ」ということを知るに至るのです。「この宿題において、この問題において、最終ということがないからこそ、われわれは、永遠ともいうべき時間を転生輪廻してきた」ということを知るのです。

そして、この「正しき思い」というもの、この一点を通過していくために、数々の仏法真理の書籍《しょせき》があります。仏法真理の知識があります。この仏法真理の知識を通過しなければ、「本当の意味での正しい思いとは何か」ということを分かり切ることはできないのであります。

人間の心は立体のようなものです。しかし、私たちの目には二次元的にしか見えません。その立体が平面にしか見えません。

この立体が立体として、球《きゅう》が球として、すべての面をわれわれに見せるためには、あらゆる角度から心を見るための材料を、仏法真理の知識として学習しておく必要があるのです。そのために仏法真理の書が続々と公刊されているのであります。

⑥正精進《しょうしょうじん》

そして、この「正しき思い」「正思」ということを常に補強し、下支えし、さらなる道へとわれわれを進めていくものに、「正精進《しょうしょうじん》」というものがあります。これは「正しく道に精進する」ということです。これは、「方向性を持って努力する」ということです。

私は人間に本来的な上下はないと思います。しかしながら、大きく二つに大別するとするならば、「神の方向に向いている人」と「そうでない人」に分類されるでしょう。

まず出発点として、「神のほうに向きなさい」と言っているのです。
これが幸福への出発の最初です。
「最初の一歩」です。方向です。その目標です。
これを間違ったなら、
みなさんがどれだけの努力を積み重ねたとしても、
そんなものは何の役にも立たなくなっていくのです。
したがって、方向を間違うな。
そして、その正しい道を、一歩一歩、向上していけ。
これが正精進であります。

ここに私は、「悟りの発見」ということを明らかに掲《かか》げておきたいと思う。
「悟りの発見」という目標を掲げない精進は、「正精進」とは言えない。
「正しく道に精進している」とは決して言えない。
各人に霊格《れいかく》の差はあろう。
また、悟りのための環境の差はあろう。
しかし、「悟りの発見」というテーマを掲げない正精進はありえない。
そう言っておきたいと思います。

ここには「強い意志」と「勇気」と「自覚」と「気力」が必要です。
毎日を正しく生きているとしても、
植物人間のような生き方になってはいないか。
意志のない人間のように、
毎日毎日を水面に漂《ただよ》う浮《う》き草のように生きてはいないか。

そんなものであってよいのか。
しっかりと大地に根を張り、天に向かって、
天を突くがごとく伸《の》びていけ。
それが正精進ではないか。
そう思っているのであります。
ここのところを間違わないでいただきたい。
水槽《すいそう》のなかの浮き草のごとく、
澄《す》んだ水のなかでどのようにきれいに漂っていても、
そんなものは、決してわれわれの人生の目標ではない。
毎日を漂えばいいのではない。
毎日、きれいな所で漂っていれば、それで済むのではない。
その心境の透明度《とうめい》だけを言うのではない。
さらなるものを目指せ。

大木《たいぼく》のごとく伸びていけ。
伸びていかねばならない。
そうでなければ神の子とは言えない。
仏性《ぶっしょう》が宿っているとは言えない。
こう言い切りたいと思います。

⑦正念《しょうねん》

八正道の残りは「正念《しょうねん》」と「正定《しょうじょう》」です。

ここから先は、いよいよプロの域に入ってくる八正道です。この「正念」「正定」を乗り超えることができたときに、みなさんはまず第一段階の覚者《かくしゃ》となることができます。その第一段階の覚者のことを、私は「阿羅漢《あらかん》」と呼んでいます。

それは、その段階に到達《とうたつ》したとき、みなさんの頭の周りには後光《ごこう》が出、守護霊《しゅごれい》たちからの通信を受けることができるようになり、他の人々に光を分けてあげられる段階に近づいてくるからであります。この第一段階の悟りを得るためには、「正念」「正定」がどうしても不可欠となってきます。

「正念」とは、単なる「一日のなかを流れていく想い」ではないのです。それは「はるかなる未来に向けて投げかけられる念《おも》いの方向性」です。

そして、その「正念」が、実は、先ほど述べた「正精進」を引きずっているのです。これを引っ張っていくための牽引車《けんいんしゃ》が、実は「正念」であります。

そして、この念いは単に「未来への自己設計」のみを意味しているのではありません。そうではなくて、守護・指導霊への念い、われわれが「祈《いの》り」と呼んでいるもの、称《しょう》しているものも、八正道のうちの「正念」のなかに含まれます。

「目的性を持って発された想念」のことを「念」というのです。

したがって、「神への祈り」もこのなかには入ってきます。

神近き高級霊への祈り、それは「自らを正すための祈り」でもあろう。

また、「感謝の祈り」でもあろう。

また、「生かされていることへの、大いなる恵《めぐ》みへの、光満《ひかりみ》てる念い」でもあろう。

あるいは、「未来の素晴《すば》らしきビジョンに向けての念い」でもあろう。

さまざまな念いが自《おの》ずと発されていくでありましょうが、これは、結局において、次のように結論づけられるのです。

われわれは、「三次元のなかに生き、この縦・横・高さの世界のなかに生きておりながら、同時に、三次元を超える存在である」という命題を背負っているのです。三次元存在でありながら三次元を超えている、その魂の位置づけにおいて多次元世界を内包する存在、それが人間なのであります。

したがって、「正念というものは、『その念いをあらゆる方向に発することで、実在界にも架《か》け橋を渡《わた》すことができる』ということにおいて、われわれが三次元を超えていくための方法論である」ということを知らねばならないのです。

すなわち、「神近きものへ近づいていくための、そうした地上における一つの方法論である」ということを知らねばならないと思います。そのために、「三次元にあって三次元を超えるもの」としての「正念」があるのです。

⑧正定

そして、最後に「正定」というものに至ります。

これは「正しく禅定《ぜんじょう》をする」ということですが、この定《じょう》のなかには、いろいろなものが含まれます。

「一つひとつ、自らの曇《くも》りを晴らす」という反省の念いを心に描《えが》く定もありましょう。あるいは、「定」のなかには「瞑想《めいそう》」というものもあります。瞑想についてはすでに何度か話をいたしましたが、この瞑想もありましょう。あるいは、ある意味における「祈り」の状態、本当に高級神霊界《しんれいかい》に通じる祈りを維持《いじ》できる状態も、この定のなかに入れることができるかもしれません。

この「正定」において、ついに、私たちは、この三次元において生きておりながら、「解脱《げだつ》」ということを体験するに至るのであります。

この定のなかにおいて、「もはや、わが心、この三次元にあらず」という境地を体験することによって、この「正定」の完成をもって、私たちは初めて、この「肉体」という束縛《そくばく》を、「三次元の物質」という束縛を超え、高次元存在としての自己を確立することができるのであります。

ここに、私たちが反省において求める一つの目標点があるのであります。

・反省の関門を透過《とうか》することなくして悟りは絶対にない

反省とは、「この世に生きながら、実相身《じっそうしん》としての自分を発見し、その実相身でもって生きていくための方法」です。

自らの心のなかにある、はるかなる高次元へとつながっていく、そうした素晴らしい自己の発見をしていただきたい。

「そうした創造的な営《いとな》みが反省のなかにある」ということを知っていただきたい。

私はそう思います。

以上、反省について基本的な考え方をさまざまに述べてきました。

最後に、一言《ひとこと》、言っておきます。

「反省の関門を透過《とうか》することなくして、悟りは絶対にない」ということを断言し、結びの言葉とさせていただきたいと思います。

第5章

祈《いの》りの原理

一九八八年 第五回講演会

一九八八年十二月十八日　説法《せっぽう》

東京都・日比谷《ひびや》公会堂にて

1 「真理の言葉」のエネルギーはいかなる世界から出ているか

久遠《くおん》の真理は、数億年の時空間を貫《つらぬ》いて光り続ける

さて、いよいよ本書も最終章となりました。第4章においては、「反省の原理」について話をいたしました。この「反省」と「祈《いの》り」というものは、共に神というものを考えるに際して、不可欠のものと考えられているものです。

「幸福の原理」よりスタートし、「愛の原理」「心の原理」「悟《さと》りの原理」「発展の原理」「知の原理」「ユートピアの原理」「救世の原理」等々と読み継《つ》いでこられたみなさんは、おそらく、私が現在宣《の》べ伝えんとしている思想の、おおよその外郭《がいかく》が分かりかけてきたのではないかと思うのです。ここでは、そうした真理の知識を基《き》礎《そ》とし、さらに一段とこの真理を推《お》し進め、神への架《か》け橋を架けるために、この

「祈りの原理」を説いていくことにいたしましょう。

いくら知識として真理を学んだとしても、最後の一筋《ひとすじ》のこの思い、神に向けての思いが、もしその心に去来《きょらい》しなかったとすれば、みなさんの九十九パーセントの努力は実を結ばないのであります。

私たちは、この三次元の地上世界に出《い》でて、さまざまな経験を積み、さまざまな知識を学び、そして、人生の至る場面において、真理に目覚めるよすがを与《あた》えられています。そうした経過点、通過点を通って、そうして至らねばならぬことは、私たちの父ともいうべき神、その神のお心がいったいどこにあるかということを真に知り、そして、その心をわが心として生きてゆくことです。

ここにおいて、一切《いっさい》の妥協《だきょう》は許されないのであります。私たちは、地上の人間が過去に集積してきた学問、知識、このようなもので、真理をねじ曲げるわけにはゆかないのです。

久遠《くおん》の真理は、不滅《ふめつ》の真理は、永遠の真理は、数億年の時空間を貫《つらぬ》いて、過去・

現在・未来に光り続けているのです。

そうした永遠の時間のなかに不変なるものをつかみ取り、それをみなさんに真にお教えすることができないとするならば、私の今生《こんじょう》の生命《せいめい》は意味がないのです。私は、この不変なるものを、是《ぜ》が非《ひ》でも、この永遠の時間の流れのなかからつかみ取り、そして、みなさん一人ひとりの心のなかに訴《うった》えかけたいのでありますこれをお教えしないで、私の今生の使命は果たせないのです。この命、ないほうがましであります。

私は、どんなことがあっても、この永遠の時間のなかで神が考えられた真理を、その心を、そのエネルギーのほとばしりを、みなさん一人ひとりにお伝えしたいのです。これができねば、何のために「幸福の科学」を起こし、今まで基礎をつくり、これから発展の時代に入っていこうとしているか、その意味がないのであります。

イエス以来、二千年間聴《き》かれていない言魂《ことだま》に触《ふ》れる機会

あなたがたは、何を聴《き》くつもりで、講演会に参加されるのですか。何を聴くつもりで、何を学ぶつもりで、何を見るつもりで、会場に集《つど》われるのですか。真理の書を買い求める方もいるでしょう。法話《ほうわ》のＣＤやＤＶＤを求める方もいるでしょう。何ゆえに、何ゆえに、何ゆえに、そうした真理に近づかんとしているのですか。

講演会やセミナーというものは、決して、みなさんの単なる暇潰《ひまつぶ》しのために行《おこな》っているわけではないのです。今という時代のこの認識を、是が非でも得ていただきたいのであります。

真理の言葉も活字となれば、他の凡百《ぼんぴゃく》の書物と同じように並べられ、その違《ちが》いが、その光が、そのエネルギーが、どれほど違っているかが分からなくなるのでありす。それゆえに、講演会などで、直接みなさんにお話をしています。

私の話は、私の話であって私の話ではないのです。大川隆法の講演会であって、

大川隆法の講演会ではないのであります。私の言葉がいったいどこから出ているか、みなさんはお分かりでしょうか。この言葉の波動《はどう》とエネルギーと光が、いったいいかなる世界から出ているか、あなたがたはお分かりでしょうか。

それは、二千年の昔にイエスが語ったと同じく、あなたがたが認識しうる世界のなかで、最も権威《けんい》を持っている世界から出ているエネルギーなのであります。そして、このエネルギーは、みなさんがたとえ地上を去ったとしても、直接に触《ふ》れることはできないのであります。

その機会が、今、ここに現成《げんじょう》しているということを知っていただきたいです。

私が、今、みなさんに語りかけているような、このような言葉は、この言魂《ことだま》は、もう二千年の間、聴かれていないのであります。イエスが去って二千年、このような言葉が聴かれることは、かつてなかったのであります。

私は、それをみなさんに言いたい。そういう時期が来ている。これは、人間としての言葉ではありません。

2　祈《いの》りの法則――心清くあれ

本当の心を知る「反省」、異次元世界へ参入する「祈り」

さて、みなさんは、前章の「反省の原理」において、いったい何を学ばれたでしょうか。その話のなかで、自《みずか》らの心と直面するということを教えられたでしょう。自らの心と直面し、自らの心を裸《はだか》とし、そうして、その透明感《とうめい》のなかに神を見るということを教えられたはずです。

いったいなぜ、そのようなことが教えられたか、その理由がお分かりになるでしょうか。

それは、私たちがはるかなる昔にすでに体得しておりながら、しかし、忘れ去って久しい、その感覚を思い出していただくがためです。

どこか遠い世界において、
みなさんとまったく離《はな》れた世界において、救いの世界があるのではない、
理想の世界があるのではない、
永遠の世界があるのではない。
人類がユートピアと称《しょう》し、追い求めてきた理想郷は、
みなさん一人ひとりの心のなかにある。
それを私は語ったのであります。

それを知ることが反省であります。
「本当の心」を知ること。
そうして、この反省から始まった思いは、
さらにさらに、

高く、高く、高く飛翔《ひしょう》してゆかねばならないのであります。
はるかなる世界へ、内なる世界へ、
そして、内を求め、内から外へ出ていく、はるかなる飛翔の世界へ、
異次元の世界へ、
原初なる世界へ、もとなる世界へ、太初《たいしょ》なる世界へ、
羽ばたいてゆかざるをえないのであります。
今、私がみなさんにお伝えしたくてもしたくても、
どうしても伝えることができない事実があります。
それは、はるかなる高次元の意識が、
その世界のありようが、
実感としていかなるものであるかということです。
これは、言葉では説明がつかない世界です。
その世界の本当の荘厳《そうごん》さと力に満ちた美しさ、

これを知ったときに、
地上世界の持つ意味は一変してゆきます。
その世界を知ってしまうということは、
それはもう、地上にあって地上にない、
人間であって人間でない世界に参入《さんにゅう》するということであります。
その方法が「祈《いの》り」であります。

祈りには難しいものがあることは事実です。三次元の波動《はどう》のなかにあるときに、この祈りは往々《おうおう》にしてねじ曲げられ、そうして、まったく予想もつかない世界につながってゆくことがあります。

このことは、まず、祈りをお教えする私からみなさんに、厳《げん》に心していただかねばならぬこととして言っておかねばならないことです。これはさらに、地上を去った世界において、天使たちが常々《つねづね》願っていることでもあります。

祈りても、祈りても、その祈りが届かないということがあるということなのです。何ゆえにと思われることもあるでしょう。しかし、この祈りの世界が一つの法則の下《もと》にあるということは、厳然たる事実であるのです。この事実を事実として認め、そして、それを学ぶ必要があるのです。

自分というものが消えてしまうような、透明な時間を持て

では、この「祈りの法則」とは何であるのか。これを言わなければならないと思います。

まず、「心清くあれ」ということを、私は言っておきたいのです。「反省・瞑想《めいそう》・祈り」という順序を取り上げる場合もありますが、祈りから出発する場合には、まず心清くあれ。この最初の段階が満たせないときに、その祈りは届かない。これは法則です。なぜならば、この祈りを受け止めている世界そのものが、そうした世界であるからなのです。

祈りとは、一つの電話と同じ行為《こうい》です。思いの糸をつなぐ行為であるのです。心の針を天上界《てんじょうかい》に向ける行為であるのです。

さすれば、祈りには、祈り自体のなかにおいて要求されるものがあるのです。まず、清くあれ。なぜならば、地上を去った世界は、その思いの展開する世界であり、その世界に通じんとするならば、その世界にある思いを自らが出していく必要があるからなのです。

この「心清くあれ」ということを、仏教のほうでは「執着《しゅうちゃく》を取れ、去れ」と言う場合もありましょう。しかし、私は、今、この「祈りの原理」においては、ただ簡単に言っておきます、「心清くあれ」と――。

みなさんは、日々いろいろな方と会うでしょうが、心清き人とお会いになることはどのくらいあるでしょうか。「この方は心清き人である」と思うことが、どれだけあるでしょうか。そうして、自分自身を見つめたときに、心清く生きていると断言することが、どれだけ可能でありましょうか。限りなく純粋《じゅんすい》に生きていかんとしつつ、その途中《とちゅう》途中においてなど、心にはさまざまなものがまとわりつき、そうして、思いの方向を変えていきがちです。

その「清くあれ」ということを、もっとみなさんに近い言葉でお話しするとするならば、「自分というものが消えてしまうような、透明な時間を持ちなさい」ということになります。

ふと振《ふ》り返ってみると、「自分が、自分が」という、そうした思いで、一日の二十四時間がいっぱいになってはいないか。

自分の幸・不幸だけで、一日の二十四時間の思いが成り立っていはしないか。

この「自分が」という言葉を去ったときに、透明な時間を発見できるか。

この主語を落とした文章が成り立つような心となっているか。

喜びのために喜ぶことができるか。

こうしたことを言っているわけです。

祈りの世界に入ってゆくためには、主語が不要なのです。
われと彼、人間と神、こうした主語が不要となってゆきます。
そこに必要なるものは、
全宇宙を貫《つらぬ》き流れているエネルギーと一体となることです。
ただそういうことが求められているのであります。

そのためには、限りなく透明となれ。
限りなく透明な状態で、美しく光り輝《かがや》け。
それが大事になります。
自分のための愛ではなくて、愛のための愛を感じ取れ。
他人《たにん》のための愛ではなく、
愛のための愛を、愛ゆえの愛を、
愛が喜びであるがゆえの愛を、

喜びが喜びであるがゆえの喜びを、
それを満喫《まんきつ》せよ、実践《じっせん》せよ。
そう言っているのであります。

何のための祈りではなく、
祈りのなかの祈りを発見せよ。
祈りのための祈りを発見せよ。
心清きがゆえに清きを楽しめ。
その清らかさを味わえ。
誰《だれ》のためではない、
そのもの自体のために。

心が透明になり、祈りが純粋化していくと現れる「神我一如《しんがいちにょ》の姿」

こうしたことができるようになったときに、心は透明となってゆくのです。その思いは純化され、やがて対象を超《こ》えてゆきます。「何のために」というものが落ち、「何人《なんぴと》のために」というものが落ち、祈りは純粋化していきます。

そこに神我一如《しんがいちにょ》の姿が現れてくるのです。神とわれが一つのごとく感じられる瞬《しゅん》間《かん》です。

この瞬間こそ、人間に贈《おく》られる最高の幸せであるということを、私はみなさんにお伝えしておきたいのです。これを仏教的に「大悟《たいご》」ということもあります。大きな悟《さと》りです。この「大悟」は、言葉を換《か》えれば「神我一如」ということであり、神我一如ということは、「神の心」と「われの心」との区別がつかない状態をいいます。

願わくば、そのような状態が続いてゆくことが理想ですが、それを果たせない凡《ぼん》夫である私たちであるならば、せめて一日のうちの一時、神と一体となるために時間を取ろうではないかと言っているのです。

みなさんに、今、お話をしている私自身はどうであるかと言うならば、まことにまことにありがたいことではありますが、一日の二十四時間、神我一如です。まったく神我一如で生きていくことが可能となっています。ありがたいことです。

それは、私自身に「人生を私物化する気持ちがない」からなのです。この私の人生を、あらゆるかたちにおいて神のために生かしたいと思っているからです。

その内容を見れば、なるほど外見的には地上の人間としての私のために

必要な時間は数多くあるでしょうが、
それを私《わたくし》するつもりがないのです。
より大いなるもののために、
その基礎《きそ》となるために、
その土台となるために、
土壌《どじょう》となるために、
私というものを大いなる私へと昇華《しょうか》させ、
そうして、消え込《こ》ませているのです。

神我一如の状態で一日を生きるとき、
そこには一つの特徴《とくちょう》が現れてまいります。
その特徴とは何であるかというと、
悩《なや》みがなくなるということです。

みなさんは、それぞれ固有の悩みをお持ちでしょう。
他の人とは違《ちが》う、自分一人だけの悩みというものをお持ちでしょう。
しかし、悩みがあるということは、
少なくとも神我一如という境地はまだ達成されていない、
そのことを示しているのです。
その悩みが大きければ大きいほど、
深ければ深いほど、
広ければ広いほど、まだまだです。
まだまだ至っていないのです。
自分が小さく小さくなって、
試行錯誤《しこうさくご》のなかに生きていることを意味するのです。

3　真実の祈《いの》りが意味するもの

自《みずか》らの悩《なや》みを人類幸福化への情熱に切り換《か》えよ

以上の話でもお分かりでしょうが、この祈《いの》りの体験、神《しん》我《が》一如《いちによ》の体験というものを、真実得るためには、みなさんは、まず日常生活において、自《みずか》らの悩《なや》みというもの、この厄介《やっかい》な代物《しろもの》をいかにして消し去るか、これが必要となるのであります。この問題を解決しないかぎり、神の心へと通じていくことはないのです。

さて、ではどうする。

みなさんの心のなかから、「いまだかつて、悩みなき人と会ったことがない」という声が聞こえてきそうです。それゆえに、自らもまた、そういう悩みなきことがない人間の一人となっている、そう自己正当化する声が、私には聞こえてまいります。

しかし、私は、むしろ逆に言ってみたい。
悩むならば悩んでもよい。
しかし、その悩みの中身を検討せよ。
悩みの質を上げよ。
いったい何を悩んでいるか。
その悩んでいる中身たるや、
他人様《ひと》に知られていいような悩みであるかどうかを自問自答せよ。
まったく取るに足りないことを針小棒大《しんしょうぼうだい》にして悩んでいるのではないのか。
悩むのであれば、もっと徹底的《てってい》に、神の代わりに悩んでみよ。
悩みの質を高めることです。
悩みの対象を広げることです。

神の立場に立って悩んでみたら、
その自分自身の手のなかにある悩み、胸のなかにある悩みは、どんなものか。
それは、手のなかにも入らない、指の上にも乗らない、芥子粒《けしつぶ》のような悩みです。
もっと小さいかもしれない。
本来、もっと大きな悩みがあるはずなのに、
それに気づかないがために、この芥子粒のごとき悩みを大きく描《えが》いて、
そして、右往左往《うおうさおう》している。

同じく一つの悩みを持つならば、
神の悩みと同じものを持て。
神に悩みがあればという前提の上でですが、
おそらく、
それは「悩み」という言葉で形容されるべき内容ではないでありましょう。

これは「情熱」という言葉に置き換《か》えられてよいものであろうと思います。
何の情熱か――それは世の中をよくせんとする情熱です。
光明《こうみょう》化せんとする情熱です。
幸福にしていかんとする情熱です。
この情熱に悩みを差し換えなさい、
切り換えなさい。
そういうことです。
大いなる情熱という観点から自らの胸の内を再検討するときに、
悩みという名の寄生虫、憑依物《ひょういぶつ》が
パラパラと体の周りに弾《はじ》けて落ちるのを感じるでしょう。
そうです。
　悩みがあるという事実は、
まだ大いなる使命に目覚めていないという、それだけのこと。

大いなる情熱に目覚めていないという、それだけのこと。
そうではないでしょうか。
人の心は、同時に二つのことを思い描くことはできない。
これは一つの真理です。
心理学的な法則でもあります。
ならば、この心のなかを一変させてしまうことです。
まったく違《ちが》ったもので満たしてしまうことです。
人類幸福化への情熱で満たしてしまうことです。
そこに最大の方法がある。
孤独《こどく》さのなかで一人相撲《ずもう》していた人間、
眉間《みけん》にしわを寄せた貧相《ひんそう》な人間の姿が、
光り輝《かがや》くものとして光明に転ずる、そうした瞬間《しゅんかん》があるのです。
その瞬間を知ってほしい。

この瞬間に気づくことが、大いなる祈りへの第一歩となるのです。

祈りの門の後ろには、数多くの天使が控《ひか》えている

さすれば、みなさんがたによくよく言っておきますが、「何かのため」の祈りの原理を学ぼうと、この本を読んでおられるのならば、その心をまず捨てなさい。
自らの内から出しなさい。
何かを得んとしてこの祈りの法則を学ばんとしている人には、まずその心を放下《ほうげ》してほしい、
捨て去ってほしい、
取り去ってほしい。
その考え自体が、すでに祈りへの入り口を閉《と》ざしている。
祈りへの入り口は、大いなるものと一体となるための入り口であるのです。

そうであるならば、
大いなるものと一体となるためには、
その人生の成功の王道に入っていくためには、
無駄《むだ》なるものを、小さなものを捨ててゆかねばならんのです。
小さな成功のために祈りを学ぼうとする人は、
まず、この祈りの関門を通ることはできないのです。
その門前に立つことが許されないのであるということを知りなさい。
なぜならば、「祈りの門」というのは、他《た》の悟《さと》りの法則とは違って、
実は、門の後ろに、すぐそこに、
数多くの天使たちが控《ひか》えているからなのであります。
この門をくぐる瞬間に、あなたがたは天使と対面せざるをえないのであります。
今のその心で、その姿で、

どうやって多くの天使団と相見《あいまみ》えることができるのですか。
その自らの思いと姿、これを数多くの天使たちの前にさらして、恥《は》ずかしいとは思いませんか。

これを単に反省とは言いません。
懺悔《ざんげ》という言葉でも不十分かもしれません。
しかし、本書を読まれるみなさんは、
何年か、あるいは数十年の後《のち》には、
必ず肉体を去って、そして、天上界《てんじょうかい》に還《かえ》るのです。
そのときに、みなさんがたが天使たちの前に立ったとして、
いったいどのような姿でいられるか、考えたことがありますか。
みなさんが思いのなかにおいて、その行動のなかにおいて
求めていたものが、いったいどれほど小さなものであったか、

卑小《ひしょう》なものであったか。
それが無言のうちに知らされるのであります。
その前に立つことが許されないのであります。
まぶしいのです。
自らが消え込《こ》んでしまうような、そうした光です。
自らがもうなくなっていきそうな、そうした光です。
そのまばゆい光の前で、
何も思うことも願うこともできなくなってくるのです。
それは、やがて、間違いない現実として、
みなさんの前に現れてくることです。

祈りの瞬間において、地上を離《はな》れ、本来の自由自在な姿となる

祈りというのは、

こうした数年後、数十年後にみなさんが実体験することを、
現在ただいまのなかに、
この一日のなかに体験せんとすることなのです。
すなわち、祈りの世界に入るとき、人はすでに死したのです。
自分の宿っている肉体は死んだと同然なのです。
よいですか。
その瞬間に、三次元的には、みなさんは〝死者〟となるのです。
そして、四次元以降の世界から見れば、
みなさんは〝生者《せいじゃ》〟となるのです。
〝生きている人間〟となるのです。
私が出してきた数多くの本を読まれたみなさんは、
すでにご存じであろうと思います。
地上においては、

死は忌《い》まわしむべきもの、
悲しむべきもの、
苦しみ、そう捉《とら》えられているが、
実在界にいる人たちから見れば、
この世の私たちの「生」こそ「死そのもの」でもある。
そのように見られているのです。

死ということは言いすぎかもしれませんが、
少なくとも地上に生きている私たちは、
真実の目が見えず、
思いのとおりに動けず、
神の心が分からず、
守護霊《しゅごれい》、指導霊の心も分からず、

盲目《もうもく》のままに手探《てさぐ》りで生きているのです。
手探りで生きておりながら、
自分自身は、
それを、「自由を満喫《まんきつ》している」と考え違いしているのです。
実在界の目から見れば、そんなものは自由でも何でもない。
目も見えず、耳も聞こえない状態で、手探りで、
手に触《ふ》れるものを何でも自分のものにしようとして這《は》い回っている姿なのです。
それを自由と考える、
それを個性の尊重と考える、
また、それが政治的に転化すれば、
それを民主主義と考える、
とんでもないことです。
そんなものではないということを知らねばならないのです。

みなさんは、
赤《あか》ん坊《ぼう》が生まれてきたときの、その不自由さを見ているでしょうが、
霊的世界から見れば、
成人している私たち一人ひとりが、そうした赤ん坊と同じなのです。
そういう生き方をしているのです。
そして、反省の瞬間、
あるいは、その一歩奥《おく》に踏《ふ》み込んだ祈りの瞬間において、
その赤ん坊とも死者とも思える地上の人間が、
一瞬、あるいは、ある一定の時間、
地上を離《はな》れて本来の世界に還ってくるのです。
自由人となるのです。
本来の自由自在、融通無碍《ゆうずうむげ》な姿となるのです。
それが真実なのです。

真実の祈りは生まれ変わりを意味する

したがって、
祈りとは、地上から見れば、神への架《か》け橋であり、
高級霊への架け橋ですが、
実在の世界から見たならば、それは生命を得る行為《こうい》なのです。
命を得る行為なのです。
永遠の生命に、いま一度、目覚める行為であるのです。
真実の、真理の太陽に、
本当の姿をさらす瞬間でもあるのです。

この祈りということが、私たち地上人にとっては、
一つの「死」であるということを知っていただきたい。

死であって、また「誕生」であるということを、
生まれ変わるという行為であるということを。
祈りによって生まれ変わったのであるならば、
その後、同一人《どういつじん》として生きていくことは、もはや許されないのであります。
もし、祈りて後《のち》に、その前日までと同じ心、
同じ生き方を続けていくとするならば、
何のために死んで、また誕生し、生まれ変わってきたか。
祈りという行為が、そうした「瞬間」における、
時間のなかにおける転生輪廻《てんしょうりんね》だとするならば、
何ゆえに、前とあとが変わらぬか。
祈りは、心の世界における転生輪廻の法則でもあるということを
知らねばならん。
自らのあり方を変えんとする努力であるということを知らねばならない。

単なる「棚《たな》からぼた餅《もち》」式の、
そうした自分を利するためだけの祈りが祈りではない。
そんな祈りは、過去何百年、何千年と唱え続けてこられ、
そして、いつも真理の下《もと》に一蹴《いっしゅう》されてきた祈りであります。
そんな祈りなど、祈りのうちには入っていない。
真実の祈りは、生まれ変わりを意味します。そうです。
実相の世界を垣間《かいま》見た瞬間、人間は、新たに誕生せざるをえないのです。
その誕生を待たねば、人は、一つの人生のなかにおいて、
生まれ変わることができないのであります。

それゆえに、私は繰《く》り返し繰り返し、みなさんに申し上げておきたいのです。
「神に祈るということは、自らの人生の前後際断《ぜんごさいだん》が、
その瞬間になされるのである」と。

祈りて後、自らが変わらなければ、
その祈りはいったいどうなっていくかを考えねばならない。
その祈りは、
自らを攻《せ》め込む刃《やいば》ともなりかねないということを知らねばならない。
真実の世界に目覚めながら、
自らが変わることなき祈りは、
おそらく、みなさんの永遠の生命を切り刻《きざ》むための刃となってくるでしょう。
それは、祈りを利欲のために使っている人たちの姿であります。

4　祈《いの》りの前に必要な覚悟《かくご》とは

間違《まちが》った祈りは、地獄界《じごくかい》の活動エネルギーとなる

祈《いの》りというのは、一つのエネルギーの法則です。

それゆえに、その祈りが、真に神のもとへと通じたものでなくとも、かたちだけ似ていれば、それをどこかで聞いている者もいます。それが、私たちが魔界《まかい》と呼んでいる世界の者たちです。そうした世界にいる住人たちも、地上の人間たちの思いや願いを聞いてはいるのです。

そうして、彼らなりの〝親切〟でもって、地上の人間に協力をすることがあります。そうした協力を得た人間は、彼らの虜《とりこ》となっていきます。そして、地獄《じごく》的なる想念の増大を生んでいるのです。

間違《まちが》った祈りが、いかに、この魔界、あるいは地獄界ともいわれる世界のエネルギー源となっているかということを、私はみなさんに訴《うった》えておきたいのです。そこは、たいへん見るも無残な世界でありますが、彼らもまた、一つのエネルギーの法則の下《もと》に生きています。

地獄界というところは、大いなる想念の曇《くも》りによって、霊《れい》太陽の光が射《さ》さなくなっているのです。この霊太陽の光が射さないところで、彼らがどのようにして生きているか、みなさんはご存じでしょうか。

天上界《てんじょうかい》の諸霊たちは、霊太陽から直接のエネルギーを引いて生きています。しかしながら、地獄界にいる人たちは、霊太陽のエネルギーを引くことはできません。彼らの活動エネルギーは、まさしく、地上の人間たちの発する悪想念であるのです。その悪想念のなかには、自分によかれと思っているものがあり、そうした「思いにおける間違い」の大部分が地獄に行っているのです。

みなさんは、悪霊《あくれい》だとか悪魔だとか聞いても、一笑《いっしょう》に付すかもしれない。あるいは、それを認めていても、自分とは関係のない世界だと思っているかもしれない。しかしながら、彼らを生かしめているそのエネルギーは、みなさんがた一人ひとりから出ているエネルギーであるのです。その想念であるのです。その悪《あ》しき想念が、自分をかわいいとする悪しき想念が、彼らの活動源となっているという事実を知らねばならないのです。

私はその事実を知っているがゆえに、それゆえに、この「祈りの原理」において、生死《しょうじ》、生と死の関頭《かんとう》に立つような、そうした山の頂上に立つような気持ちでもって、祈りを求めよ、神を求めよ、神への思いを噴《ふ》き出せと言っているのです。その覚悟《かくご》なしに祈ったならば、それはまったく反対の行為《こうい》となってしまいます。

そして、地獄の活動エネルギーとなった、そのエネルギーがどうなるか。それをご存じですか。

そのエネルギーが、彼らを肥大化させ、増大化させ、彼らの活動源となり、そして、また、地上の人間を間違った方向に引き込《こ》むための力となっているのです。そうした悪循環《あくじゅんかん》があるのです。その循環を知ったときに、どうしてもこれを断《た》ち切らずにはおれないのであります。許されない行為です。

新生への決意を込めた祈りに、他力《たりき》の光明《こうみょう》は降りる

「地獄をなくす」と、一言《ひとこと》で言うのは簡単です。また、神は、天上界の諸霊は、何ゆえにそれをなくさないのか。そう言う人も多いでしょう。

しかし、私に言わせれば、地獄界をなくすとするならば、今のままでは、まず、地上界をなくしてしまわないかぎり、地獄はなくならないのです。

さすれば、みなさんは、この地上界をなくしてしまうという選択《せんたく》を取るでしょうか。どうでしょうか。地獄界をなくすために、地上界をなくしてしまうという選択を取られますか。

それがいったい何を意味するか。「地上界をなくす」という選択が何を意味するか。それは、神が当初に願われた、繁栄《はんえい》・発展・進化という願いを、すべて根こそ

ぎ取り去ることになってしまうのです。そうではないですか。

人間の進化、発展のために、よかれと思ってつくったこの世界が、

その逆の行為をなし、

そして、悪の供給源となり、根城《ねじろ》となっているときに、

さあ、どうする。

これをなくすか、あるいは存続させるか。

なくせば、悪しきものは消えるであろう。

しかし、悪しきものが消えたあとに残るものはいったい何か。

それは停滞《ていたい》である。それは枯渇《こかつ》である。枯死《こし》である。

繁栄なき世界である。進歩なき世界である。

その世界で満足されるか。

そうではないはずです。

ならば、「この地上というものを存続させる」ということを
前提とした上で、どうする。
さすれば、どうする。
そのときに、明らかに結論として出てくるものは、
この世の浄化《じょうか》であろう。
この地上世界を縁《えん》として、そうした悪想念が立ち込め、
地獄という間違った世界を、実在界においてつくっていったとするならば、
やはり、これを自分たちの手でもう一度浄化する。
これ以外に方法はないではないか。
進化や発展ということを願いながら浄化していくとするならば、
自《みずか》らの心をくらりと転換《てんかん》させ、
そして、神の心に近づけていく以外に、方法がないではないか。

それ以外にいかなる方法があるというのか。
ここにおいて、多くの人々は、今までの人生に対して、
もう一度、清算をしなければならないのです。
いったん、自分の過去の人生、何十年か生きてきたその人生を、
本日限りで清算していただきたい。
そうして、明日《あした》からは、新たな人生を歩んでいただきたい。
本日がそのための祈りの日となるわけであります。

神に祈るときに、
「自らの人生を前後際断《ぜんごさいだん》し、新たな人生を歩み出し、
神の心に沿うような、そうした生き方ができる自分となさしめたまえ」と、
ぜひとも祈ってほしい。
「変わらずにはいない」という気持ちです。

過去、それだけの間違いをつくり、過《あやま》ちをつくり、
多くの生きている人々と死せる人々に
迷惑《めいわく》をかけてきたみなさんであるならば、
ここで一つ、その迷惑をかけた部分を清算せねばならんのです。
そして、新生することです。
この新生への決意そのものが、大いなる他力《たりき》となって、
今度はみなさんを救い始めます。
そうした決意のあるところに、他力の光明《こうみょう》が降りてくるのです。

5　祈《いの》りのための三つの基準――美・善・愛

宗教を争わせる原因としての「教えの理解の不足」と「自分をかわいいとする思い」

修行《しゅぎょう》の方法においては、「自力」と「他力《たりき》」という大きな二つの法門《ほうもん》が考えられることは多く、そして、それらをまったく別個のものと考えている人も少なくありません。

「自力」というのは、自分を磨《みが》いているなかに仏を発見し、あるいは仏と会うという考え方です。

「他力」というのは、そういう努力心《ごころ》を去って、大いなるものに帰依《きえ》するときに悟《さと》りが得られ、そして、幸福が来るという考えです。

しかし、真理はどちらのなかにもない。

真理は、この両方を貫《つらぬ》くもののなかにある。それぞれ真理に近いようであって遠く、遠いようであって近い。しかして、別個のもののようであって、別個のものではない。このなかを貫くものこそ真理。

すなわち、自分を本当につくり変えようという意志のない人間には、他力の恩恵《おんけい》も、またないということを知らねばならない。自力・他力はない。それは、神我一《しんがいち》如《にょ》となるための入り口の別名であって、本当はどちらもない。

よいですか。このように、自分を根本《こんぽん》から変えねば、神のご加護《かご》や恩寵《おんちょう》といったものが与《あた》えられないとするならば、いわゆる今までの他力の思想というものは消え去ることが分かるでしょうか。それもまた、消し去らねばならぬ思想であるのです。

人間というものは、本当の教えであっても、それを受け継《つ》いでいくうちに、自分に都合《つごう》のよい方向へとねじ曲げてしまうものです。そうした弱さがあります。そうした理解の浅さがあります。

今、ここで言われたことは、この場では分かったとしても、時間が経過し、他の人々に伝える過程において、違《ちが》ったものとなっていく。そうなりがちです。そこにあるのは、「理解の不足」と「自分をかわいいとする思い」です。この理解の不足と、自分たちを、あるいは自分をかわいいとする思いが、過去、宗教を何派にも分けて争わせ、そして、現在にもまた、争わせている原因であるのです。

私たちは、こうした神との直面、相対峙《あいたいじ》ということを経験する際に、もう一度、自《みずか》ら自身に、この二つの危《あや》うさがないかどうかを振《ふ》り返ってみる必要があります。理解において間違いがないかどうかということです。これは大事なことです。また、真理を、法を、己《おのれ》の都合のために使おうとしていないかどうかということです。

この二点が分かれば、宗教的争いの原因は、すべて解決がつきます。この二点です。すべてがそうです。過去においても、現在においても、また、将来においても、予想されるのはこの二点です。

つまずきから人間を救う「飽《あ》くなき真理の探究」と「謙虚《けんきょ》さ」

では、この二つのつまずきから人間を救うものは、いったい何であるのか。それを、私は二つの言葉で説明してみましょう。

第一は、「飽《あ》くなき真理の探究」であります。とことん探究してみようという姿勢であります。これを決して忘れないこと。お題目《だいもく》やお札《ふだ》のような扱《あつか》いで真理を振りかざさないこと。徹底的《てってい》に追い求めていくこと。これが一つです。

そうして、もう一つは、絶対の世界、金剛界《こんごうかい》ともいわれるその実相の世界の本当の圧倒的《あっとう》なエネルギーを感じることです。これが何を意味するかといえば、「謙虚《けんきょ》さ」という言葉に結びついてくるのです。

人間は、自らの心でつくった牙城《がじょう》、現代の文明という名の牙城のなかに立て籠《こ》もり、自分が最高の王者であるかのごとく振る舞《ま》っているのです。

しかし、この牙城は、真実の世界の大いなる力を知ったときに、はかなくも崩《くず》れていくものです。どれだけの智者《ちしゃ》が地上にいたとしても、その智慧《ちえ》は、神の智慧から比べたならば、億分の一にも、兆分の一にも達しません。小さなものです。本当に小さなものです。それを勘違《かんちが》いします。この世の地位や立場、名前等で誤解をしていきます。

圧倒的な真理の世界を垣間《かいま》見た人間は、謙虚にならざるをえないのです。自らが、まだまだうぬぼれる癖《くせ》があると思い、また、そうした増上慢《ぞうじょうまん》の傾向《けいこう》があると思う人は、真理の世界に接していない、その圧倒的なエネルギーを、まだ本当には感じていないと言わざるをえないのです。知れば知るほどに、分かれば分かるほどに、自分の姿が小さく見えてきます。

祈りの基準①「美」――神の光を得ている美しい祈りか

そして、小さく見えたその豆粒《まめつぶ》のような自分が、その澄《す》んだ心で、清き心で、透《とう》明感《めいかん》のある心で見つめ、かつ、祈《いの》ったときに、光り輝《かがや》いてくるのです。それはちょうど、天空にかかる星のように輝いて見えるのです。そして、その輝きは神秘の輝きであって、限りなく深い光を有しているのです。そこにあるものは、一つの「美」です。

信仰《しんこう》を信仰たらしめ、祈りを祈りたらしめるもの、それは美であります。
その信仰が真実のものであり、
その祈りが真実のものであることを証拠《しょうこ》立てるものは美であります。
美しさであります。
なぜならば、自我の思いで祈ってみよ。
その祈りの姿は美しく見えるか。
どうですか。
自己保存のままに祈ってみよ。
その思いの姿を、自分の姿を第三者の目で見て、美しく見えるか。

祈りのときにおいても、「善意なる第三者」という立場はありえます。
そうした立場で、自己の祈りの姿を見るということはありえます。
それが美しく見えるかどうかを、よくよく見たらよい。
欲の皮で突《つ》っ張った祈りは美しくありません。
しかし、真実、神の光を得ている祈りは、
見ていて神々《こうごう》しい。美しい。
よって、ここに私は、みなさんの自己客観視のためのあり方、
基準の一つとして、「美」という観点を挙げてみたい。
自らの祈りを点検する際に、
その姿が美しいかどうかを見よ。
あたかも鏡に映した自己像を見るかのごとくに、
自らの祈りの姿が、その内容が、言葉が、態度が、顔つきが、
美しいかどうかを見よ。

醜《みにく》いものであると思うならば、鏡を下げよ。
祈りの前に、祈りの門の前に立つのをやめよ。
自らが、まだ祈りに至っていない、
祈れるだけの立場にないということを知りなさい。

祈りの基準②「善」――神に見られても恥《は》ずかしくない、善なる祈りか

さて、美という基準を挙げましたが、正しい祈りであるための基準は、ほかにもあるのではないか。そう思われる人もいるでしょう。

ほかにもあります。単に美しいだけでは駄目《だめ》です。美しさのなかに、「善」を含《ふく》んでいなければならない。

善とは何か。
善きものです。

その祈りが、善なるものと思えるかどうか。
心に問うてほしい。
それは善なるものか。
善なるものであるには、
その祈りの内容を書き、他人《ひと》に読まれて、
それでもまったく恥《は》ずかしくない内容であることが必要です。
いや、他人に読まれるというだけでは不十分です。
守護《しゅご》・指導霊《しどうれい》、高級諸霊に読まれる、
あるいは、神に読まれても不都合がないような内容であるかどうかです。
どうですか。
善ならざる内容は、恥ずかしさを伴《ともな》うものなのです。

みなさんの感情のなかには、「恥ずかしい」という感情があるはずです。この

「恥ずかしい」という感情が何ゆえにあるのか、分からない人は多いでしょう。

何ゆえに恥ずかしいという感情があるか。これは、善なるものを判断するための基準としてあるのです。

自らの心が善なるものから離《はな》れたときに、人間の良心は、自《おの》ずから恥ずかしいという感情を起こすのです。この恥ずかしいという感情は、他人に見られたくないという感情も、また伴うものです。すなわち、「羞恥《しゅうち》の心がある」ということ自体が、「人間の心は善なるものを目指すようにできており、そして、それに反したときに、ちゃんと各人がチェックできるように、そういうものを与えてくださっている」ということなのです。

神は、人間の思いに自由性を与えられましたが、善なるものを選んでほしいという願いは強烈《きょうれつ》です。ゆえに、善なるもの以外を選んだときに、羞恥という心が起きてくるのです。この人間の心の構造の巧《たく》みさというものを知ってほしい。

各人のなかに埋《う》め込《こ》まれた、善なるものをチェックする基準を信ずる場合に、自らの祈りの内容というものが、自ずから明らかとなってくるのです。

祈りの基準③「愛」――大いなる愛の実現のための祈りか

美しい祈りであること、また、善なる祈りであること、そういうことをお伝えしました。しかし、祈りの基準は、まだこれ以外にもあります。

それは、少なくとも「愛」というものを伴うものでなければならないということです。

愛なき祈りは祈りにあらず。
それは死せる言葉なり。
そう私は断定しておきたいと思います。
なぜならば、愛なき者は神を知らず、
神を知らない者は、真なる祈りができないからであります。

愛なき者は神を知らない。
知でもっては神は分からない。
神を知るには愛が要《い》る。
愛のなかに神を発見する道がある。
したがって、無限の祈りの道は、
無限の愛の道でもあるということを知らねばならないのです。
そもそも、祈りという行為《こうい》自体が、
大いなる愛の実現のためにあるということを分かっていただきたいのです。

この三次元の肉体に宿った人間の力は、誰《だれ》が見ても有限です。無限の力とは言えません。この有限の肉体に宿った有限の力と見えしものを、無限へと展開していくためには、祈りが必要なのです。
それは、私にとっても同じです。この肉体に宿る力は、この世的には有限です。

この有限の力を無限へと展開していくためには、どうしても祈りが必要です。

この祈りは、結局、愛ゆえの祈りであることが分かるでしょうか。それは、多くの者たちへの愛ゆえの祈りであるのです。この私の仕事を、多くの人のために使いたいという祈りであります。この命を多くの人のために使いたい、後《のち》の世の人々のためにも使いたいという祈りであります。

愛が分からない人は、祈りをすることができない

祈りは、私にとっては愛と同義です。
「愛即《そく》祈り」「祈り即愛」です。
それは、愛とは神そのものと同一のものであるからです。
神と私と、私と神と、これをつなぐもの、
これを一つにするものは、愛以外にないからなのです。
愛という言葉が、神と人間を結びつけ、一つにする概念《がいねん》なのです。

この愛という言葉が分からない人は、祈りをすることができません。

では、その愛とは何であるか。

何をもって愛とするか。

この愛についても、みなさんは、

もう少し掘《ほ》り下げが必要なのではないでしょうか。

愛とは、無限に善きものであり、

無限に素晴《すば》らしきものであり、

無限の喜びであり、

また、無限の悟りでもあります。

愛を知るということは、悟るということでもあるのです。

この愛を知ったときに、この愛の一つの通路を自らのものとしたときに、

その通路から、神の創られたすべての世界が見えます。

この神の創られたすべての世界を知ること、
それを「悟り」ともいいます。

そして、その悟りという名の「知る喜び」は、
次なるものへとつながっていきます。
その次なるものとは、「愛の発展」であります。
知るところに悟りがあり、
悟りがあるところに愛の発展がある。
悟りとは、愛を発展させるための原動力である。
それを知っていただきたいのであります。

以上で、祈りの際の三つの基準を挙げました。この基準が、みなさんに、今、分かっていただけるかどうかは定《さだ》かではありません。しかしながら、「祈りにおいて

は、『美』があり、『善』があり、『愛』がある」ということを、「この三つを備えない祈りは、本来の祈りではない」ということを、まず、前提として知っていただきたいと思います。

祈りによって、人は人間を超《こ》えることができる

こうした前提を押《お》さえた上での祈りは、非常に大きな力を発揮します。それは、ある意味において、最大の力ともなっていきます。それは、人間の力を超《こ》えた力であるからです。

祈りによって感応する天上界《てんじょうかい》の諸霊の姿を、みなさんは見たことはないでしょうが、それはすさまじい力を持っています。私がユートピアのために祈れば、その祈りは、数千、数万の天使軍団に広がっていきます。彼らもまた、その祈りに応《こた》えてきます。

では、祈りに応えてどうするか。そこに、地上と天上界が一丸となって、素晴ら

しい世界を展開せんとする活動が始まるのであります。祈りの結果は、大いなる他力の喚起《かんき》です。惹起《じゃっき》です。こうした力が加わってきます。そのときに、みなさんは、肉体人間という枠《わく》を超え、人間を超えることができるのです。

最後に、本書を閉《と》じるに当たりまして、神に祈らせていただきたいと思います。

ユートピア建設への祈り

大いなる神よ
私《わたくし》たちにこのような機会を与えてくださいましたことを
心からありがたく思います。
願わくば、「本書」を機縁《きえん》とし
あなたの愛の力が地に満ちますように。

あなたの光が天に満ちますように。
あなたの栄光が、すべての世界に満ちますように。
神よ、私たちを強くしてください。
私たちに無限の力をお与えください。
私たちにユートピア建設の勇気をお与えください。
大いなる目標のために
大いなる建設のために
大いなる新世界のために
そして、新しい時代のために
後《おく》れてくる青年たちのために
未来の日本人や、未来の世界の人々のために
私たちが、あなたのお心に適《かな》った仕事ができますように。
そして、この私たちが始める愛の運動が、人類幸福化の運動が

後々《のちのち》まで光を持って燦然《さんぜん》と輝きますように。
神よ、どうもありがとうございました。

〈特別収録〉

『悟りの原理』あとがき

「悟りの原理」「発展の原理」「知の原理」という、法の要《かなめ》ともいうべき諸原理がここに明かされた。これらは、真理に基づく修行に生きる者にとって、欠けてはならない精神の羅針盤《らしんばん》である。厳しさと堅実さが、進化のさなかにある魂の転落を防止し、調和を形成するのである。

特に、中道からの発展や、知の発展段階説は、魂に永遠の進化を約束することになるだろう。

一九九〇年　十月

幸福《こうふく》の科学《かがく》グループ創始者兼総裁《そうししゃけんそうさい》　大川隆法《おおかわりゅうほう》

『ユートピアの原理』あとがき

「ユートピアの原理」「救世の原理」「反省の原理」「祈りの原理」という、この原理シリーズの末尾《まつび》を飾る講演が一冊にまとめられた。

特に「反省の原理」は「悟りの原理」の講演の続篇《ぞくへん》ともいうべき内容で、力に満ちた内容であると思う。悪霊の惑わしでご苦労されている方は、この「反省の原理」を熟読するとともに、同講演テープを繰り返し聞くことをおすすめする。どんな強力な悪魔をも吹き飛ばす力を本講演はもっている。悪霊を一掃《いっそう》する仏陀の言霊《ことだま》がこの中に込められているのだ。

この書よ、人々の間にひろがってゆけ。人類の夜明けは近い。私はそう信じる。

一九九〇年　十月

幸福の科学グループ創始者兼総裁　大川隆法

改訂・新版へのあとがき

本書、上・下巻を読んだだけで、私が何者であるかを悟った人も多かろう。もはや、人間の説く教えではないであろう。

三十二年も前に説かれた法ではあるが、いまだその生命《いのち》を失ってはいない。

この後一九九一年には、七月十五日に東京ドームで御生誕祭《ごせいたんさい》を挙行したが、フィナンシャル・タイムズ紙の若手記者が一ページをさいて、〈イエス・キリストを超えている〉〈日本は新しい神にひざまずきつつある〉といった内容の記事を書いた。その記者はその二十五年後、アメリカ・マスコミグループのトップになって、ニューヨークで私の英語説法を聞くことになる。そして彼は、ドナルド・トランプ新大統領誕生の予言をその一カ月前に知ることになる。

本書は、もはや人類の歴史の一部である。最小限の校正で復刻することが、私の使命であろう。

二〇二〇年　八月九日

幸福《こうふく》の科学《かがく》グループ創始者兼総裁《そうししゃけんそうさい》　大川隆法《おおかわりゅうほう》

『幸福の科学の十大原理（下巻）』関連書籍

『太陽の法』（大川隆法 著　幸福の科学出版刊）
『神理文明の流転』（同右）
『釈迦の本心』（同右）
『愛から祈りへ』（同右）
『新・心の探究』（同右）
『真説・八正道』（同右）
『五島勉「ノストラダムスの大予言」発刊の真意を語る』（同右）
※左記は書店では取り扱っておりません。最寄りの精舎・支部・拠点までお問い合わせください。
『若き日のエル・カンターレ』（大川隆法 著　宗教法人幸福の科学刊）
『大川隆法霊言全集 第5巻 イエス・キリストの霊言』（同右）

『大川隆法霊言全集　第23巻　イエス・キリストの霊言②』（同右）
『大川隆法霊言全集　第24巻　モーセの霊言②』（同右）
『大川隆法霊言全集　第25巻　モーセの霊言③』（同右）
御法話ＤＶＤ「知の原理」（宗教法人幸福の科学刊）
御法話ＤＶＤ「ユートピアの原理」（同右）
御法話ＤＶＤ「救世の原理」（同右）
御法話ＤＶＤ「反省の原理」（同右）
御法話ＤＶＤ「祈りの原理」（同右）

本書は一九九〇年に発刊された旧版を
改訂したものです。

幸福《こうふく》の科学《かがく》の十大原理《じゅうだいげんり》（下巻《げかん》）

―― エル・カンターレ「救世の悲願」――

2020年8月28日　初版第1刷
2024年4月26日　　　第7刷

著　者　　大《おお》　川《かわ》　隆《りゅう》　法《ほう》

発行所　　幸福の科学出版株式会社

〒107-0052 東京都港区赤坂2丁目10番8号
TEL(03)5573-7700
https://www.irhpress.co.jp/

印刷・製本　株式会社 堀内印刷所

落丁・乱丁本はおとりかえいたします

ISBN978-4-8233-0208-4 C0014

大川隆法ベストセラーズ・幸福の科学の原点を知る

幸福の科学の十大原理(上巻)

エル・カンターレ「教えの原点」

救世主、立つ――。世界170カ国以上に信者を有する「世界教師」の記念すべき初期講演集。全国に熱心な信者をつくった熱い言魂の獅子吼《ししく》がここに。

1,980円

われ一人立つ。大川隆法第一声

幸福の科学発足記念座談会

著者の宗教家としての第一声、「初転法輪《しょてんぼうりん》」の説法が書籍化! 世界宗教・幸福の科学の出発点であり、壮大な教えの輪郭が説かれた歴史的瞬間が甦る。

1,980円

原説・『愛の発展段階説』

若き日の愛の哲学

著者が宗教家として立つ前、商社勤めをしながら書きためていた論考を初の書籍化。思想の出発点である「若き日の愛の哲学」が説かれた宝物のような一冊。

1,980円

大川隆法 思想の源流

ハンナ・アレントと「自由の創設」

ハンナ・アレントが提唱した「自由の創設」とは?「大川隆法の政治哲学の源流」が、ここに明かされる。著者が東京大学在学時に執筆した論文を特別収録。

1,980円

※表示価格は税込10%です。

大川隆法ベストセラーズ・主なる神エル・カンターレを知る

太陽の法

エル・カンターレへの道

創世記や愛の段階、悟りの構造、文明の流転を明快に説き、主エル・カンターレの真実の使命を示した、仏法真理の基本書。23言語で発刊され、世界中で愛読されている大ベストセラー。

2,200円

永遠の法

エル・カンターレの世界観

すべての人が死後に旅立つ、あの世の世界。天国と地獄をはじめ、その様子を明確に解き明かした、霊界ガイドブックの決定版。

2,200円

メシアの法

「愛」に始まり「愛」に終わる

「この世界の始まりから終わりまで、あなた方と共にいる存在、それがエル・カンターレ」──。現代のメシアが示す、本当の「善悪の価値観」と「真実の愛」。

2,200円

永遠の仏陀

不滅の光、いまここに

〔携帯版〕

〔携帯版〕

すべての者よ、無限の向上を目指せ──。大宇宙を創造した久遠の仏が、生きとし生けるものへ託した願いとは。

1,980円　1,320円

大川隆法ベストセラーズ・幸福に生きるヒントをあなたに

初期
質疑応答
シリーズ
第1〜7弾!

【各 1,760 円】

「エル・カンターレ 人生の疑問・悩みに答える」シリーズ

幸福の科学の初期の講演会やセミナー、研修会等での質疑応答を書籍化。一人ひとりを救済する人生論や心の教えを、人生問題のテーマ別に取りまとめたＱＡシリーズ。

1 人生をどう生きるか
2 幸せな家庭をつくるために
3 病気・健康問題へのヒント
4 人間力を高める心の磨き方
5 発展・繁栄を実現する指針
6 霊現象・霊障への対処法
7 地球・宇宙・霊界の真実

1

2

3

4

6

7

幸福の科学グループのご案内

宗教、教育、政治、出版などの活動を通じて、地球的ユートピアの実現を目指しています。

幸福の科学

一九八六年に立宗。信仰の対象は、地球系霊団の最高大霊、主エル・カンターレ。世界百七十カ国以上の国々に信者を持ち、全人類救済という尊い使命のもと、信者は、「愛」と「悟り」と「ユートピア建設」の教えの実践、伝道に励んでいます。

（二〇二四年四月現在）

愛

幸福の科学の「愛」とは、与える愛です。これは、仏教の慈悲《じひ》や布施《ふせ》の精神と同じことです。信者は、仏法真理をお伝えすることを通して、多くの方に幸福な人生を送っていただくための活動に励んでいます。

悟り

「悟り」とは、自らが仏の子であることを知るということです。教学《きょうがく》や精神統一によって心を磨き、智慧《ちえ》を得て悩みを解決すると共に、天使・菩薩《ぼさつ》の境地を目指し、より多くの人を救える力を身につけていきます。

ユートピア建設

私たち人間は、地上に理想世界を建設するという尊い使命を持って生まれてきています。社会の悪を押しとどめ、善を推し進めるために、信者はさまざまな活動に積極的に参加しています。

幸福の科学の教えをさらに学びたい方へ

心を練る。叡智《えいち》を得る。
美しい空間で生まれ変わる——

幸福の科学の精舎《しょうじゃ》

幸福の科学の精舎《しょうじゃ》は、信仰心《しんこうしん》を深め、悟《さと》りを向上させる聖なる空間です。全国各地の精舎では、人格向上のための研修や、仕事・家庭・健康などの問題を解決するための助力が得られる祈願《きがん》を開催《かいさい》しています。研修や祈願に参加することで、日常で見失いがちな、安らかで幸福な心を取り戻《もど》すことができます。

総本山・正心館

総本山・未来館

総本山・日光精舎

総本山・那須精舎

東京正心館

全国に27精舎を展開。

運命が変わる場所——

幸福の科学の支部《しぶ》

幸福の科学は1986年の立宗《りっしゅう》以来、「私、幸せです」と心から言える人を増やすために、世界各地で活動を続けています。
国内では、全国に400カ所以上の支部が展開し、信仰《しんこう》に出合って人生が好転する方が多く誕生しています。
支部では御法話拝聴会、経典学習会、祈願、お祈り、悩み相談などを行っています。

幸福実現党

内憂外患《ないゆうがいかん》の国難に立ち向かうべく、2009年5月に幸福実現党を立党しました。創立者である大川隆法党総裁の精神的指導のもと、宗教だけでは解決できない問題に取り組み、幸福を具体化するための力になっています。

幸福実現党 党員募集中

あなたも幸福を実現する政治に参画しませんか。

＊申込書は、下記、幸福実現党公式サイトでダウンロードできます。
住所：〒107-0052
東京都港区赤坂2-10-8 6階 幸福実現党本部

TEL 03-6441-0754　FAX 03-6441-0764
公式サイト hr-party.jp

HS政経塾

大川隆法総裁によって創設された、「未来の日本を背負う、政界・財界で活躍するエリート養成のための社会人教育機関」です。既成の学問を超えた仏法真理を学ぶ「人生の大学院」として、理想国家建設に貢献する人材を輩出するために、2010年に開塾しました。これまで、多数の地方議員が全国各地で活躍してきています。

TEL 03-6277-6029
公式サイト hs-seikei.happy-science.jp

仏法真理塾「サクセスNo.1」

全国に本校・拠点・支部校を展開する、幸福の科学による信仰教育の機関です。小学生・中学生・高校生を対象に、信仰教育・徳育にウエイトを置きつつ、将来、社会人として活躍するための学力養成にも力を注いでいます。

TEL 03-5750-0751（東京本校）

エンゼルプランV

東京本校を中心に、全国に支部教室を展開。信仰をもとに幼児の心を豊かに育む情操教育を行い、子どもの個性を伸ばして天使に育てます。

TEL 03-5750-0757（東京本校）

エンゼル精舎

乳幼児が対象の、託児型の宗教教育施設。エル・カンターレ信仰をもとに、「皆、光の子だと信じられる子」を育みます。
（※参拝施設ではありません）

不登校児支援スクール「ネバー・マインド」

TEL 03-5750-1741

心の面からのアプローチを重視して、不登校の子供たちを支援しています。

ユー・アー・エンゼル！（あなたは天使！）運動

障害児の不安や悩みに取り組み、ご両親を励まし、勇気づける、障害児支援のボランティア運動を展開しています。

一般社団法人 ユー・アー・エンゼル
TEL 03-6426-7797

NPO活動支援

学校からのいじめ追放を目指し、さまざまな社会提言をしています。また、各地でのシンポジウムや学校への啓発ポスター掲示等に取り組む一般財団法人「いじめから子供を守ろうネットワーク」を支援しています。

公式サイト mamoro.org　ブログ blog.mamoro.org
相談窓口 TEL.03-5544-8989

百歳まで生きる会～いくつになっても生涯現役～

「百歳まで生きる会」は、生涯現役人生を掲げ、友達づくり、生きがいづくりを通じ、一人ひとりの幸福と、世界のユートピア化のために、全国各地で友達の輪を広げ、地域や社会に幸福を広げていく活動を続けているシニア層（55歳以上）の集まりです。

【サービスセンター】TEL 03-5793-1727

シニア・プラン21

「百歳まで生きる会」の研修部門として、心を見つめ、新しき人生の再出発、社会貢献を目指し、セミナー等を開催しています。

【サービスセンター】TEL 03-5793-1727